발 행 | 2023-08-11

저 자 | 이지아 김정화

펴낸이 | 한건희

펴낸곳 | 주식회사 부크크

출판사등록 | 2014.07.15(제2014-16호)

주 소 | 서울 금천구 가산디지털1로 119, A동 305호

전 화 | 1670 - 8316

이메일 | info@bookk.co.kr


ISBN | 979-11-410-3952-3

본 책은 브런치 POD 출판물입니다.

https://brunch.co.kr

www.bookk.co.kr

# 면접의 신

이지아

김정화

# CONTENT

# 면접, 꼭 봐야 하나요?

면접의 존재 이유

# 1. 100% 일 수 없는 자기소개서

"Is that you?"

20년 전 대한항공 승무원으로 43개국 120개 도시를 누비던 시절의 일이다.

승무원들에겐 까다로운 입국 절차가 없다. 아니 정확히는 유니폼과 목에 건 ID카드가 모든 절차를 대신하는 셈이다. ID카드란 비자 대신 앞면에는 반명함판 사진이 있는 직장인들이 흔히 목에 걸고 다니는 일종의 신분증이다. 그런데 LA의 세관 직원이 나의 ID카드를 볼펜으로 가리키며 했던 이야기다.

"그거 너니?"

순간 나를 포함한 20명 남짓한 우리 팀원들이 여권에 도장을 찍다 말고 빵 터졌다. LA 입국장이 웃음바다가 된 것이다. 뽀샵이 지나쳤던 나의 사진을 보며 말이다.

그 뒤로 1년간 나의 별명은 이즈 댓 유…. 였다.

아마 이러한 경험에서 자유로운 사람은 거의 없을 것이라 짐작한다.

사진 기술이 너무 좋으니 말이다.

더군다나 잘 보여야 하는 이유가 백 가지도 넘는 이력서라면 어떨까? 평소 나의 모습이라고 자신 있게 말할 수 있을까?

그렇다면 자기소개서나 경력 기술서는 어떤가?

온전히 나의 있는 그대로를 담았다고 할 수 있을까?

그렇다. 면접을 보는 이유는 바로 '나'를 보기 위해서이다.

나를 '있는 그대로 바로 보기' 위해서!

물론 AI가 사전 면접을 보기도 하고, 한때는 비대면 면접을 보는 기업도 있었다. 하지만 그래야 할 이유가 사라진 지금, 면접은 직접 만나서 보는 일임을 누구나 안다.

회사는 사람이 만들어가는 것이고, 어떤 사람이 무엇을 만드는지에 따라 회사의 운명이 결정되기 때문이다. 그렇다면 면접은 당연히 회사의 대소사 중 가장 중요한 일이 아닐 수 없다.

이런 중대한 면접을 서류로만? AI가 대체? 한다는 것이 더 이상할 뿐이다.

## 2. 고스펙이면 합격?

이제 면접을 봐야 하는 이유는 이해가 되었는데, 그렇다면 기업에서 선호하는 인재는 따로 있을까?

입장 바꿔 생각해 보자. 내가 면접관이라면 어떤 인재를 뽑을까?

나와 함께 일할 동료, 부하 직원, 혹은 상사를 뽑는다면, 나는 어떤 기준으로 그들을 선별해야 할까?

고스펙자들을 줄 세워 놓는 것이 유리할까? 아니면 업무 특성을 고려하여 그에 맞는 사람을 뽑아야 할까?

2022년 대전시 환경미화원 공채가 있었다.

고액의 연봉과 안정성, 소위 저녁이 있는 삶을 보장한다는 직업으로 분류되어 경쟁이 매우 치열했던 면접이었다.

필자의 수강생 중에 3명의 지원자가 있었고, 셋 중 한 명은 수업할 때도 유독 답변하는 것을 버거워하곤 했다. 결과적으로 2명은 합격, 1명은 탈락했다.

누가 탈락했을까?

예상을 뒤집고 답변을 버거워했던 수강생은 합격했다.

생각해 보자. 직종은 환경미화원이다. 환경미화원에게 가장 중요한 역량은 무엇일까? 말을 논리적으로 잘하는 능력일까? 오히려 성실함과 책임감에 더 무게가 실리지 않을까?

아마도 면접관은 버벅대는 답변 이면의 무언가를 본 것이 아닐까?

흔히들 면접장에서 답변을 매끄럽게 잘했다고 생각하면 합격, 그렇지 않았다고 판단되면 불합격이라고 생각한다. 하지만 본인들의 예상을 벗어난 경우를 종종 보곤 한다.

본인들이 지원한 업무를 파악해 보자. 과연 본인들의 업무가 논리적인 말하기 역량이 필요한 일인지, 그 밖의 다른 더 중요한 역량이 있어야 하는 일인지 말이다.

몇 년 전 A 항공사 승무원 공채 때도 비슷한 일이 있었다.

SKY 출신 토익 만점자가 서류에서 탈락한 것이다.

비행기에서 나를 낮추고 승객을 위해 존재하는 승무원에게 좋은 학벌은 불필요하다고 생각했던 것이다.

매우 단순한 논리이다.

면접관은 직무에 가장 적합한 인재를 뽑은 것이다.

그리고 그렇지 않다고 판단되는 사람은 탈락했다. 설령 누구나 부러워할 법한 고스펙자여도 말이다.

우리가 예상하듯 모든 기업이 고스펙을 선호하지는 않는다는 말을 하고 싶다. 공공기관에서는 이름조차 말할 수 없는 블라인드 채용을 하고 있으니 이미 돌이킬 수 없는 나의 스펙에 너무 연연하지 말자.


## 3. 면접은 사람이 사람을 보는 일이다.


지금. 이 순간에도 면접관들은 회사에 적합한 인재를 찾기 위해 고군분투하고 있다.

그래서 때로는 악역도 마다하지 않는다.

아마 면접 경험이 있는 사람이라면 누구나 공감할 것이다.

면접관 중 유독 표정이 날카롭다든가, 예리한 질문을 던진다던가, 압박 질문을 하는 면접관 앞에서 진땀을 흘린 경험 말이다.

과연 그의 의도는 무엇일까?

'내 눈앞에 웃으며 앉아있는 면접자가 과연 우리 회사를 위한 최적의 인재인가?'

'과연 그의 이야기는 모두 믿을만한 것인가?'

'우리 회사의 조직 문화에 어울릴법한 사람인가?'

'해당 업무를 잘 수행할 수 있는 능력이 있는가?'

면접관의 머릿속은 이러저러한 생각들로 가득 차 있을 것이다.

나와 함께 일할 동료를 뽑기 위해 최선을 다하고 있다.

면접관 역시 회사가 그에게 맡긴 임무를 매우 성실히 수행하고 있는 직장인일 뿐이다.

그러니 곤란한 질문을 던진 면접관을 너무 미워하지 말자. 그의 역할이 그럴 뿐이다.

# 인사, 제대로 알고 하자

면접용 인사는 따로 있다?

# 1. 면접용 인사는 따로 있다?

면접 코칭을 하다 보면 너무도 당연한 것을 놓치는 교육생들을 보면서 당황하는 경우가 종종 있다. 인사가 바로 그 대표적인 예인데, 너무 기본이라는 생각에서인지 면접 전에 인사 연습을 하는 면접자를 보기 드물 정도이다.

'의례적으로 하는 인사가 뭐 그리 중요하겠어….'라고 생각하는 면접자가 있을지도 모르겠다.

하지만 전혀 그렇지 않다. 인사는 나와 면접관의 만남에서 가장 처음에 하는 행위이다.

면접자의 첫인상을 결정하는 중요한 'Key'라는 이야기다.

환한 표정과 큰 목소리로 밝게 인사하는 면접자와 쭈뼛쭈뼛 무표정하게 들어오는 면접자.

누구에게 더 호감이 가겠는가? 사람이라면 당연히 전자에게 눈길이 갈 것이다.

지금부터 면접관에게 호감을 줄 수 있는 기본자세부터 정중한 인사 방법에 대해 알아보자.


\* 선 자세

- 뒤꿈치와 무릎을 붙이고 면접관을 향해 선다.

- 남: 차렷 자세를 한다.

- 여: 어깨와 팔에는 힘을 빼고 두 손을 가지런히 모아 공수 자세를 한다.

- 어깨가 말리지 않도록 척추를 꼿꼿이 세운다.

- 턱 아래에는 투명 공이 있다고 생각하여 고개가 들리지 않도록 한다.


\* 인사

면접 시작 전,

①면접장에 문을 열고 들어간다.

②조심스럽게 문을 닫고 면접관을 바라보고 선다.

③면접관이 준비될 때까지 2~3초 기다린다.

④면접관의 눈을 보며 밝은 표정과 목소리로 힘차게 말한다. "안녕하십니까?"

⑤서서히 허리를 숙인다. ('안녕하십니까'라는 말이 끝난 후에 허리를 숙이는 것이 포인트)

⑥허리를 30도 정도 구부린 상태에서 1~2초 멈춘다. (목은 떨어뜨리지 않고 허리만 숙인다)

⑦천천히 허리를 펴고 올라온다.

⑧다시 한번, 밝은 표정으로 면접관과 눈을 마주친다.

⑨인사가 끝나면 혹은 앉으라는 면접관의 신호가 있으면 의자에 앉는다.


면접이 끝난 후,

①자리에서 일어선다.

②면접관을 바라보며 밝은 표정과 큰 목소리로 말한다. "감사합니다."

③위와 같은 절차로 허리를 숙여 인사 후, 허리를 편다.

④다시 한번 면접관과 눈을 마주친다.

⑤서서히 출입문을 향해 몸을 돌린 후, 당당하게 걸어 나온다.


*주의사항

- 인사는 서서 하는 것이다. 당황하여 앉아서 혹은 고개만 까딱하지 않도록 미리 거울을 보고 연습하자.

- 면접이 끝난 후에도 면접 전과같이 정중하게 인사를 하고 나온다는 것을 잊지 말자.

- 면접이 잘 풀리지 않았다고 해서 얼굴이 일그러진 채 끝인사를 하는 일은 없도록 하자.

- 끝까지 밝은 표정과 꼿꼿한 자세를 유지하자!

* 앉는 자세

- 인사를 마친 후, 면접관의 신호가 없더라도 눈치껏 면접자의 자리에 앉는다.

- 한쪽 발을 반보 뒤로하고 동시에 상체를 뒤로 살짝 돌려 의자의 위치를 확인한다.

- 엉덩이를 깊숙이 밀어 넣어 의자에 앉는다. 이때, 등을 기대거나 상체를 구부리지 않는다.

- 남: 양팔을 앞으로 쭉 뻗지 말고 살짝 구부린 상태로 허벅지 중간쯤에 손가락을 구부린 상태에서 양손을 올려놓는다.

- 여: 바지 착용 시에는 공수한 손을 허벅지 위에 편안히 올리고, 스커트 착용 시에는 공수한 손으로 치마 속이 들여다보이지 않도록 스커트 끝자락을 꾹 눌러준다.

## 2. 면접, 집을 나서는 순간부터 시작이다.

지금까지 살펴본 인사는 면접장에 들어서서 면접관에게 하는 인사였다. 하지만 인사는 면접관에게만 하는 것이 아니다. 당신이 옷을 말끔히 차려입고 반짝반짝 잘 닦은 구두와 반듯하게 다림질된 옷, 잘 정돈된 머리를 하고 회사에 들어서는 순간. 누가 보더라도 당신은 오늘 이

곳에 면접을 보러 온 예비신입사원이다.

회사에 들어서서 가장 먼저 만나게 될 경비원, 청소하시는 아주머니에게 환한 표정과 큰 소리로 반갑게 인사하자. 엘리베이터를 타고 혹은 계단을 올라, 복도를 지나쳐 대기실까지 가면서 만나게 될 몇 명의 사람들에게도 가벼운 목례 정도는 하는 편이 좋겠다. 그들 중 누군가는 당신과 같은 부서에서 근무하게 될 당신의 선배들이고, 또 그들 중 누군가는 면접관일지도 모를 일이다.

엘리베이터를 탈 때도 가장 마지막에 타고 가장 먼저 내리자.

끝까지 버튼을 누르고 있다가 가장 늦게 탑승하고, 제일 먼저 내려, 뒷분들이 다 내릴 때까지 버튼을 꾹 누르고 있자.


S 기업 면접이 있는 날이었다. 필자의 교육생은 면접을 무사히 마친 후, 긴장이 풀린 몸으로 지하철 의자에 몸을 맡기고 핸드폰을 켜 남자친구와 신나게 수다를 떨었다. 주제는 물론 오늘 면접이었다. 어떤 질문을 받았고, 어떤 답변을 했고, 기분이 어땠는지…. 면접관의 표정과 태도에 대해서도 많은 이야기가 오갔다. 본인이 내려야 할 역이 되어 자리에서 일어서며 화들짝 놀랐다. 많은 인파를 비집고 내리는데 낯익은 얼굴과 눈이 마주쳤다. 조금 전에 자신을 질책하듯 꼬리 질문을 했던 면접관이었다!

'…'

결과는 상상에 맡기겠다.

필자가 대기업에 근무했을 때의 일이다. 필자는 주로 외근이라 서울 본사에 들어가는 일은 거의 없었다. 하지만 일주일가량의 교육이 있던 참이어서 그날은 특별히 본사 아니 정확히는 교육원으로 출근을 했다. 회사에 들어섰는데, 여느 때와는 달리 출입문에서부터 어수선한 분위기였다. 한쪽 기둥을 보니 '대기실은 5층'이라는 안내 문구가 보였다. 바로 신입사원 공채가 있는 날이었다. 필자 또한 대기실과 같은 층에 볼일이 있어, 대기실 인근 화장실에 들어갔다가 얼굴을 잔뜩 찌푸린 경험이 있다. 쓰레기통에 반만 걸쳐진 스타킹과 세면대에 널브러진 면봉과 화장품이 묻어있는 휴지 조각, 심지어 분실물까지 모였다.

순간 내 머릿속에 떠오른 생각은 '아, 이번 신입 알만하다. 쯧쯧….'

며칠 후 신입사원 실무면접관을 한 선배와 이야기할 기회가 있었다.

"선배, 이번 신입사원들 어때요? "

"글쎄…. 뭐…."

나는 면접 당일 내가 본 화장실 모습에 관해 이야기했고 선배는

"그래? 교육을 아주 세게 해야겠구먼!"

단정한 생활 습관이 평소에 몸에 배어 있다면 더할 나위 없겠지만 최소한 면접 당일 만큼만이라도 나의 모든 행동이 투명하게 공개된다고 생각하고 행동하자.

당신이 집을 나서는 순간, 면접은 시작된다.

# 태도가 본질이다.

면접의 키포인트!

# 1. 나의 첫인상

누군가의 첫인상을 결정해 본 경험이 있는가? 생각해 보면 우리는 하루에도 몇 번씩 첫인상이라는 것을 경험하며 산다. 아침에 출근하기 위해 엘리베이터를 타면서 처음 보는 누군가와 눈이 마주치는 순간, 타 부서나 거래처 직원과의 만남, 고객을 만나는 직업이라면 고객과의 모든 접점에서 첫인상이라는 것을 경험한다. 필자 또한 5년 동안 매 비행 300명가량의 승객을 마주하며, 또 비행마다 함께 일하는 동료들이 바뀌는데, 그 동료들과 한 비행기에 탑승하며 첫인상이라는 것을 경험했다. 3초도 되지 않는 빠른 순간에 거의 자동으로 결정되는 첫인상은 많은 것을 내포하고 또 많은 것을 결정해버리기도 한다.

면접이라는 짧은 순간에 당락이 결정되는 경우는 첫인상이 더욱 중요하겠다.

그렇다면 첫인상을 결정하는 요인은 무엇일까?

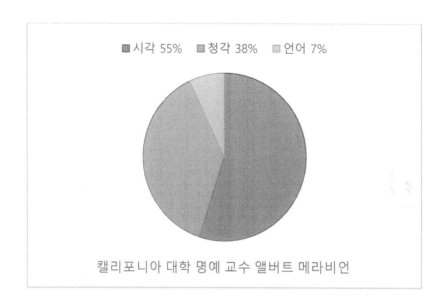

캘리포니아 대학 명예 교수 앨버트 메라비언

UCLA 명예교수인 앨버트 메라비언에 따르면 첫인상을 결정하는 가장 중요한 요인은 시각적인 요소이다. 무려 55%를 차지했다. 시각적인 요소란 용모, 표정, 시선, 자세, 제스처 등 눈에 보이는 모든 것을 말한다.

필자가 만난 교육생 중에 교육청에서 근무하시는 분이 계셨다. 회의나 보고 때 자신감 있고 신뢰감 있는 말하기를 위해 스피치 교육을 수강하던 분이셨다. 스피치 수업은 특성상 자신이 하는 일, 개인사 등등 많은 이야기가 오가는 수업이다. 이분과도 이러저러한 이야기를 나누던 끝에 임용고시 면접관을 하신다는 이야기를 들었다. 임용고시를 위한 면접 코칭을 하고 있던 차에 귀가 솔깃해서 이것저것 여쭙기 시작했다. 특히 수업 시연에 관한 이야기가 기억에 남는다.

필자: "박 선생님, 수업 시연이면 내용 구성이나 수업 진행, 아이들의

수업 참여도 등등이 중요하겠네요?"

교육생: "네 중요하죠. 그런데 지금 말씀하신 내용은 누구나 예측할 수 있고 준비가 가능한 것들이어서 대개 비슷비슷합니다."

필자: "그렇겠죠. 그러면 선생님은 무엇을 가장 중요하게 평가하시나요?"

필자의 질문에 박 선생님은 매우 뜻밖의 이야기를 하셨다.

교육생: "저는 면접자가 들어오면 가장 먼저 머리 모양과 신발을 봅니다. 머리가 흘러내리지 않고 단정하게 고정이 되어있는지, 또 너무 굽이 높거나 서 있기 불편한 신발을 신고 있지는 않은지를 봐요. 종일 서서 아이들을 가르쳐야 하는 사람인데 멋내기용 구두는 좀 곤란하죠. 그 두 가지를 보면 지원자의 마음가짐, 아이들을 대하는 태도, 교사가 지녀야 할 자질 등 여러 가지를 알 수 있죠."

필자: "역시, 그렇구나."

필자와 매우 비슷한 생각을 하는 면접관을 만난 것이 매우 반갑기도 했고 조금은 놀랍기도 했다. 그리고 필자가 면접 코칭을 받는 교육생들에게 이런 이야기를 들려주면 교육생들은 마치 우주의 새로운 이론을 접한 듯한 표정들을 하곤 한다. 기출문제에 목숨 걸고 정답? 을 적는 것만이 살길인 양 달달 외우고 있는데, 머리와 신발이라니. 맥이 탁 풀린 느낌일 것이다.


학교 특강 중 전직 대기업 임원을 뵌 적이 있다. 필자는 임원분에게도

비슷한 질문을 했던 것으로 기억한다. 임원분의 답변은

"인성이요. 인성이 가장 중요하죠."

인성. 10분이라는 짧은 시간 동안 한 사람의 인성을 알 수 있을까? 알수 있다. 면접관들도 사람인지라 실수하는 일도 있겠지만 대부분은 정확하다. 필자 역시 면접 교육을 받으러 온 교육생과 10분간의 대화면 충분히 파악할 수 있다. 중요한 건 그 인성이라는 것이 단순히 말의 내용에서만 보이는 것이 아니라는 점이다. 대화할 때의 표정, 눈빛, 손짓, 말의 속도, 목소리의 크기, 등 면접자의 걸음걸이, 앉은 자세, 머리카락 한 올 한 올에서도 자신이 어떤 사람인지를 말하고 있다. 당신의 몸이 말을 한다. 상대는 당신 나이의 두 배 혹은 그 이상이나 되는 기업의 임원이다. 아무리 작은 회사라도 경영인의 눈은 날카롭고 예리하다. 아무리 두꺼운 가면을 쓰고 포장을 한다 해도 그들의 예리한 눈을 속이기는 쉽지 않다.

그렇다. 우리가 위에서 살펴본 표에서 알 수 있듯이 시각적인 요소는 단순히 멋지고, 잘 생기고, 늘씬하고, 키가 크고, 작고를 본다는 의미가 아니다. 그 너머에 있는 한 사람의 본질인 태도를 본다는 의미이다.

## 2. 태도, 태도, 태도가 본질이다.

'만약 동료의 실수로 내가 피해를 본다면 어떻게 하시겠어요?'

지원하는 직무와 기업을 막론하고 교육생들이 매우 당황하는 질문이 몇 가지 있다. 그리고 어떤 답변이 나오는지를 보면 단적으로 그 친구의 인성이 파악된다. 면접관들이 매우 좋아할 법한 질문이다. 그리고 수많은 기관과 기업에서 실제 물었던 질문이기도 하다. 당신이라면 무엇이라 답변하겠는가? 대부분 교육생의 답변은 이렇다.

교육생: "일단은 상사에게 제가 한 것이 아니라는 것을 말씀드리겠습니다. 그리고······"

필자: "실수한 동료에겐 뭐라고 하시겠어요?" (꼬리 질문)

교육생: "실수이기 때문에 크게 뭐라고 하진 않을 것 같습니다."

필자: "그것이 반복된다면요? 혹은 고의로 나에게 떠넘긴 것이라면요?" (꼬리 질문)

교육생: "아, 그러면······"

자신의 말에 확신 없는 눈동자는 흔들리고, 머릿속에서는 수많은 생각이 스치는 것을 본다.

한 여학생은 똑같은 질문에 이렇게 대답했다.

교육생: "실수로 인해 잘못된 일 처리를 먼저 하겠습니다. 저와 동료가 할 수 있는 일이라면 최선을 다해서 하고, 힘들다면 상사에게 보고해 도움을 받겠습니다."

필자: "동료에겐 뭐라고 하시겠어요?" (꼬리 질문)

교육생: "저 또한 사람인지라 언제든 실수는 할 수 있으므로 크게 개의치 않을 것 같습니다."

고졸 사원으로 LH공사에 당당히 합격했다.

차이는 답변 스킬이 아니다. 삶을 바라보는 시각과 태도에 있다.

태도가 갖추어지지 않으면 본인이 내놓는 답변이 들리지 않는다. 태도에서 끊어지는 것이다. 면접관에게 도달이 안 된다는 말이다. 그것이 도달할 수 있게 만드는 힘은 태도에서 온다.

KBS 프로듀서 최종 면접 때 일이다.

필자의 교육생은 30대 중반으로, 보통의 신입사원 지원자보다 훨씬 나이가 많았다. 면접 연습을 할 때도 그 부분에 초점을 맞췄었고 예상대로 나이에 관한 질문이 반 이상이었다고 했다.

압박 질문을 받은 것이다.

"신입사원으로는 나이가 많은 편이잖아요. 본인보다 나이 어린 선배와의 관계가 괜찮겠어요?"

를 시작으로 압박 질문이 줄줄이 이어졌다.

"그래도 너무 많은데."

"아니 본인은 괜찮을지 몰라도 우리가 불편하다고요"

'아니 뭐 이런' 화가 치밀어 올랐지만, 끝까지 예의 있고 한결같이 답했고 결국 최종 합격했다. 20대 중반부터 10년 동안 언론고시를 준비했고, 때로는 논술에서, 면접에서 10년 내내 탈락을 경험하면서 이제 더는 원서도 넣을 곳이 없어서 그나마 나이 제한이 없는 한국방송공사 KBS에 마지막 지원을 했다. '나이가 많아도 할 수 있습니다'라는 그의 말에는 10년간의 무게감이 있었을 것이다. 그리고 그것이 그를 합격으로 만들었을 것이다.

이렇듯 본질은 얄팍한 답변 스킬이 아닌 태도이다.

# 인성 면접 : know yourself

면접에 마음을 담자.

# 1. 나를 드러내라.

면접관: "취미가 뭐죠?"

응시자: "여행입니다."

면접관: "음...... 어디 가봤어요?"

응시자: "중국, 일본, 동남아......"

면접관: "유럽은 안 가봤어요?"

응시자: "아 네 아직."

면접관: "우리는 유럽 갔다 온 사람 뽑고 싶은데."

응시자: "네? 아, 저......"

우리가 흔히 인성 면접이라고 부르는 면접 당시 면접관과 오고 갔던 대화이다. 대화 내용을 보고 여행사? 관광 관련 업체?라고 생각할지 모르겠다. 놀랍지만 여행과는 전혀 관계없는 기업이다. 우리나라에서 대기업 하면 가장 먼저 떠오를법한 회사의 반도체 파운드리 신입사원 공채 면접 내용이다. 반도체라면 세계에서 1, 2위를 다투는 기업에서 신입사원을 뽑는 면접에서 이런 질문을 한다고? 의아해할지 모르겠다. 과연 면접 결과는 어떻게 되었을까? 예상대로 불합격이었다.

필자는 첫 수업에서 교육생에게 늘 하는 질문이 있다. 면접 경험이 있는지, 실패 경험이 있다면 본인이 생각하는 실패 원인을 자세히 묻곤 한다. 실패 원인을 알아야 교육생의 문제점이 파악될 테고 그래야 다음이 있으니까 말이다. 그때 필자에게 들려준 교육생의 이야기였다.

"그래서 다음은 어떻게 되었나요?"

"유럽 갔다 온 사람 뽑고 싶다는 면접관의 이야기에 너무 당황해서 정신이 완전히 나가버렸고요. 그 이후로는 다른 질문에 대한 답변도 거의 못 했던 것 같습니다."

"근데 그런 질문을 도대체 왜 하는 거죠?"

아마도 이 글을 읽고 있는 취준생 대부분이 드는 의문일 것이다. 이런 질문을 도대체 왜 하는 걸까? 사람 마음을 전부 헤아릴 수는 없는 노릇이지만, 면접관의 입장에서 생각해 본다면 답은 매우 간단하다. 면접자에 대해 잘 알고 싶어서. 일 것이다. 취미가 무엇인지, 어디를 가 봤는지, 가장 좋았던 여행지는 어디인지, 가장 기억에 남는 경험은 무엇인지, 여행 중 가장 힘들었던 것은 무엇이었는지, 여행은 왜 하는지, 추천하고 싶은 여행지는 어디인지...... 이렇게 면접이 흘러갔다면 면접자에게는 매우 순탄한 면접이 되었을 것이다. 하지만 누구나 예상할 수 있는 질문과 답변으로는 면접자를 정확히 파악할 수 없다. 더구나 기출이다, 예상 질문이다, 뭐다 해서 정보가 넘쳐나는 요즘 같은 시대에 면접자들은 철저히 무장을 하고 나타난다. 자신의 단점은 꼭꼭 숨기고, 먼지만큼의 매력이라도 있다면 최대한 앞으로 내세우고, 드러낸다. 필요하다면 다른 사람의 장점도 가지고 온다. 면접관들이 해야 하는 일은 그렇게 온갖 치장을 하고 나타난 면접자들의 포장지를 벗겨내고 안에 숨어있는 진짜 면접자를 보는 일이다. 그러기 위해 압박 질문, 꼬리 질문이라는 것을 한다. 면접자가 예상하지 못하는 질문을 하는 것이다. 생뚱맞은 질문, 직무와 전혀 관계없는 질문, 반복되는 압박 질문, 도저히 의도를 알 수 없는 질문 등을 하는 것이다. 이런 질문에는 누구든 당황하게 마련이고 당황하면 꽁꽁 싸매고 있던 갑옷을 벗게 된다. 진짜 자신이 보인다. 당황했을 때의 표정, 눈빛, 목소리, 손동작, 그리고 답변까지 평소 자기 생각, 습관, 말투가 나온다. 이제야 진실이 보이는 것이다.

현재 필자와 스피치 수업을 하고 있는 교육생과 면접 관련 이야기를 한 적이 있다. 교육생은 필자가 인스타그램에 올린 면접 코칭 사진을 보고 이렇게 말을 꺼냈다. 참고로 교육생은 현재 대기업의 간부로 신입사원 면접을 맡고 있다.

"그 사진 보니까 옛날 생각나더라고요. 나도 예전엔 누구보다 치열하게 살았는데, 이제는 내가 면접관이 되었네요. 그때가 그립습니다."

"면접관이 되시고 나니 새롭게 보이는 것이 있나요?"

"물론이죠. 저도 면접에서 수없이 떨어져 봤던 사람으로 그때는 왜 저런 태도로, 왜 저런 질문을 하나 생각했는데, 지금 제가 그럽니다. 더 심하다고 할 수도 있겠네요. 그렇게 여러 번 거르고 뽑아도, 뽑아놓고 나면 미친놈? 들이 꼭 있어요. 그러니 면접 방식이 자꾸 바뀌고 질문도 날카로워질 수밖에 없죠."

다시 처음으로 돌아가 보자. 면접은 왜 보는 것일까? 내가 지원한 직무와 회사에 최적의 인재임을 증명하기 위해서이다. 좀 더 단순하게 말하면 '나'를 보여주기 위한 만남이다. 왜곡되거나 과장되지 않은 '나'를 말이다.


## 2. 마인드맵으로 나 탐색하기


면접이 나를 보여주는 만남인 것은 알겠는데, 그러면 나는 나에 대해 얼마나 알고 있을까?

필자: "이 회사에 지원한 이유가 뭐예요?"

교육생: "글쎄요......(웃음)"

필자: "자기소개할 수 있어요?"

교육생: "...... 아니요(웃음)"

필자에게 면접 코칭을 받으러 온 교육생 대부분과의 첫 대화는 이렇게 시작한다. 10명 중 10명은 본인이 회사에 지원한 이유를 정확히 말하지 못한다. 다를 안정적이라고들 하니까, 월급 못 받을 일은 없으니까. 그들의 웃음 뒤에는 이 두 가지 이유가 있으리라 짐작한다. 그리고 이것은 필자의 교육생들만의 문제는 아닐 것이다. 아마 취준생 대부분이 그럴 것으로 생각한다. 그러면 이들은 왜 필자의 질문에 대답을 못 하는 것일까? 왜냐면 자신에 대해 한 번도 진지하게 고민해 본 경험이 없으니까. 내 여자친구가 혹은 내 절친이 무엇을 좋아하고, 무엇을 싫어하는지, 무엇을 잘하는지는 알아도 정작 내가 좋아하고 잘하는 것은 모르는 경우를 많이 본다. 돌이켜보면 20대의 나도 그랬다. 성적을 올리고 스펙을 쌓기 위해 밤새 쓰고, 외우기 바빠 정작 나 자신을 위한 시간은 없었다. 필자의 경우엔 30대 중반부터 나에 대한 고뇌? 가 시작되었던 듯하다. 나는 무엇을 하면 행복한지, 무엇에 재능이 있는지, 어떻게 살 것인지, 중요한 가치는 무엇인지 등에 관한 생각 말이다. 그리고 50을 바라보고 있는 지금도 이러한 생각은 진행 중이다. 만약 20대 때 이런 생각을 할 수 있었다면 '지금보다 훨씬 행복하지 않을까?' 하는 생각을 하곤 한다. 물론 지금도 행복하지만 조금 더 깊게? 행복할 수 있었을 것 같다. 인생이든 면접이든 포인트는 단 하나, 바로 나 자신이다. 나를 돌아보라는 의미이다. 어디서부터 해야 할지, 무엇을 해야 할지, 막막하기만 한 면접이라도 그 핵심은 똑같다. 나 자신이다. 나에게 그 답이 있다. 다시 처음으로 돌아가서 나 자신을 돌아보자. 그리고 단시간에, 면접에 최적화된 '나 알기'의 효과적인 방법을 소개한다. 바로 마인드맵 그리기! 마인드맵을 따라가다 보면 면접의 실마리가 서서히 풀릴 것이다. 기출 질문도 산더미인데 웬 한가한 소리냐고 할지 모르겠다. 마인드맵은 하루 10분이면 된다. 기출문제보다 더 중요한 것을 발견하게 될 것이다.

## 나의 마인드맵 그리기

<마인드맵 작성 요령>

① 사무실이나 방 한쪽 벽면에 A0 정도 되는 종이를 붙인다.

② 종이 가운데 '나'를 적고 나를 둘러싼 나와 관계된 것들을 그려나간다.

③ 마인드맵은 한 번에 완성되지 않는다. 시간을 두고 생각이 날 때마다 한자씩 적는다.

④ 키워드를 보고 관련 경험, 당시 나의 생각, 감정, 관계, 상황 등을 적고 파일로 저장한다.

⑤ 저장된 파일을 읽으며 면접 시 답변 가능한 경험과 생각을 따로 정

리한다.

이렇게 마인드맵을 정리하면 '아, 그때 내가 이랬었구나.', '그래, 내가 이런 일도 했었지.', '아, 이런 생각을 하고 있었네, 그런데 왜 방법을 바꾸려 하지 않았을까?' 등등 자기반성, 후회, 위로, 용기, 즐겁고 기쁜 마음이 들 때도 있다. 조금 더 깊이 나를 이해하는 과정이 될 것이다. 이러한 과정을 거친 사람의 말에는 힘이 있다. 진정성 있는 답변이 나올 수밖에 없다. 매끄럽거나 특별한 재능은 없지만 진심이 담긴 말 한마디의 힘은 엄청나다. 수많은 지원자 사이에 반짝이는 자신을 발견하게 될 것이다.

# 직무/ 역량 면접: 회사 탐색하기

회사정보 탈탈 털기

# 1. 직무에 맞는 나의 역량

회사는 신입사원이던, 경력직이던 입사 후, 즉시 업무에 투입할 수 있는 인재를 선호한다. 이른바 '중고 신입'이라 부르는데 관련 직종에 짧게라도 근무해 본 경험이 있어 바로 업무를 할 수 있는 신입을 일컫는 말이다. 아르바이트, 인턴 경험 혹은 관련 업계 종사 경험이 있다면 더할 나위 없겠다. 아무래도 비슷한 업무 경험이 있으면 회사에 적응하는 기간도 단축될 것이고, 업무 역량도 뛰어날 것이라는 생각에서이다. 저비용으로 고효율을 추구하는 회사는 물론, 함께 일하는 동료로서도 '진짜 신입'보다는 '중고 신입'이 훨씬 반가울 것이다. 하지만 관련 경험이 전혀 없다고 해서 너무 걱정할 건 없다. 신입사원 대부분이 비슷한 처지이니 말이다. 그리고 진짜 신입이던, 중고 신입이던 회사 입사를 원하는 사람이면 누구나 자신에게 주어진 업무를 수행할 능력이 충분하다는 것을 증명해야 한다. 주로 기업이나 공공기관의 1차 면접에 해당하는 직무 면접이 바로 그것이다. 직무에 맞는 자신의 역량과 경험을 효과적으로 정리할 방법을 소개한다. 바로 회사와 지원한 직무에서 원하는 역량별 경험을 정리해 보는 것이다. 보기 쉽게 표로 정리해 놓았으니 마지막 표(③)를 완성해 보기 바란다.


① 요구되는 직무와 역량 CPP + 인재상 또는 공직관(공무원인 경우)

Competency 역량

Personality 인성

Passion 열정

+ 인재상 또는 공직관


② 회사에서 요구하는 역량 세분화

| | |
|---|---|
| Competency<br>직무역량 | 문제해결능력 |
| | 전문성 |
| | 창의력 |
| | 의사결정능력 |
| | 미래지향적사고 |
| Personality<br>인성 | 소통 / 협업 |
| | 유연성 |
| | 대인관계능력 |
| | 포용력 |
| | 성실 / 책임 |
| Passion<br>열정 | 주인의식 |
| | 적극성 |
| | 자기계발 |
| | 능동적 |
| | 진취성 |
| 지원한 회사의 인재상<br>또는 공직관 | |


회사와 직무를 분석하여 위의 표에 제시된 역량의 경, 중을 체크한다.

③ 역량별 경험 작성

| | | |
|---|---|---|
| Competency<br>직무역량 | 문제해결능력 | 마인드맵을 참고하<br>여 역량별 경험을 작<br>성해보세요. |
| | 전문성 | |
| | 창의력 | |
| | 의사결정능력 | |
| | 미래지향적사고 | |
| Personality<br>인성 | 소통 / 협업 | |
| | 유연성 | |
| | 대인관계능력 | |
| | 포용력 | |
| | 성실 / 책임 | |
| Passion<br>열정 | 주인의식 | |
| | 적극성 | |
| | 자기계발 | |
| | 능동적 | |
| | 진취성 | |
| 지원한 회사의 인재상<br>또는 공직관 | | |

위에 작성한 약 20개의 경험은 학창 시절 동아리, 봉사활동, 아르바이트, 인턴, 유학 등 지극히 개인적인 나만의 경험을 의미한다. 경험이 부족하다면 한 가지의 경험에서 2~3가지의 키워드를 뽑을 수도 있다. 가령 동아리 활동 경험에서 때로는 창의력 또는 포용력 또는 능동적인 자세를 어필할 수 있다. 심층 면접이라 하더라도 20개의 경험을 한 자리에서 묻지는 않을 테니 말이다.

## 2. 회사 탐색

10년 넘게 면접 코칭을 하다 보니 지원하는 회사와 직무별로 교육생들의 특징이 보인다. 하지만 대다수의 공통적인 면접자들이 놓치고 있는 것이 몇 가지 있는데, 그중 하나가 지원하는 회사에 대해 많이 모르고 있다는 점이다. 2, 3년 다니다 말 회사를 구하는 사람은 흔치 않을 것이고 처음에 구직하고 지원서를 넣을 땐 누구나 오래 다니고 싶은 마음으로 지원서를 넣을 것이다. 하지만 의외로 지원하는 회사에 대해 모르는 경우가 많다. 직무 면접은 물론, 임원 면접 때조차 회사에 대해 얼마나 알고 있는지, 업계의 경향이나 동향은 어떻게 되는지를 종종 묻는데도 말이다. 내가 좋아하는 연예인이나 운동선수들의 스케줄, 집 주소는 물론이고 자주 가는 미용실, 그들의 부모가 어디 사는지, 그들의 신발 사이즈는 알고 있으면서 말이다. 지원한 회사에 얼마나 관심이 있는지, 얼마나 알고 있는지는 입사를 앞둔 사람의 기본이다. 관심 있고, 보고 싶으면 알아보고 또 알고 싶은 게 사람 마음이니 말이다.

내가 지원한 회사, 과연 얼마나, 무엇을 알아야 할까? 크게 3가지로 나눌 수 있겠다.

첫째, 회사가 요구하는 업무 & 최신 직무 이슈 및 보도 내용

둘째, 요즘 회사가 추진하는 사업이나 회사의 정책 방향, 산업의 흐름

셋째, 회사 관련 기본지식: 이력, 대표, 조직도, CI, 광고, 직원 수, 본인의 급여 수준, 매출액, 주가 등.

위의 내용은 회사 홈페이지와 관련 보도자료, 그리고 관심만 있다면 충분히 알 수 있는 것들이다. 대략 회사와 직무가 파악되면 다음과 같이 정리하자.

<공공기관 행정직 예시>

① 나의 주요 업무는 무엇인가? (직무기술서 참조)

- 시 및 정부 부처(중기부 등)와 전담 기관의 정책·사업 추진 방향을 이해하고 그에 따른 지역산업·중소기업 육성을 위한 사업기획 및 지원사업 전반 업무

- 대전지역 주력산업 분야 정부 사업기획 및 운영 등 지역 기업육성을 위한 각종 위 수탁   수행 업무

- 정부 사업 수행에 따른 예산, 회계 등 각종 행정 업무

② 최신 직무 이슈/ 정부 정책/ 산업 흐름 파악하기

- 기관 홈페이지 정독하며 최근 추진 중인 사업이나 정책, 쟁점, 이슈 파악

- 기관 또는 기관사업과 관련된 공신력 있는 기사, 보도자료, 블로그 …. 파악

- 업무별로 이슈를 정리하고, 시사점, 나의 의견 정리

| 최신 직무 이슈/<br>정책/ 산업 흐름 | 이슈 관련<br>사례 | 나의 의견, 방향,<br>아이디어 |
|---|---|---|
| 'D-유니콘 프로젝<br>트' 사업 | 지역 내 유망기업인<br>유니콘 기업 10개<br>사를 선정 추진 중. | 지역 중소벤처 기업<br>에 알리는 역할과 지<br>원 기업을 선별해나<br>가는 업무를 수행하<br>는데 기여 |
|  |  |  |
|  |  |  |

역량별 경험 정리와 마찬가지로 지원하고 싶은 회사나 기관에 대해 알
아보고 위의 표를 작성해 보기 바란다.

# 자기소개와 지원동기

: 세상에서 제일 어려운 말

# 1. 나를 소개하라고요?

"안녕하십니까? OOO기 이지아입니다."

20년 전 항공사에서 근무하며 회사에 출근하면 가장 많이 했던 이야기이다. 20년 전만 해도 기수 문화가 있던 시절이라 몇 기인 지가 업무 배치의 기준이 되기도 했었고 또 많은 이야기를 대신해 주기도 했었다. '저는 입사한 지 얼마 되지 않은 신입사원입니다. 일이 서투니 많이 가르쳐주세요. 열심히 배우겠습니다. 예쁘게 봐주세요......' 선배들은 아마도 이런 이야기로 알아듣지 않았나 싶다. 그러면 선배들은 환한 얼굴로 인사를 받아주곤 했다. 한 1년 정도는 비행마다 팀장님을 비롯한 시니어들에게 허리를 숙이며 이렇게 인사를 했던 기억이 있다. 사내에서의 자기소개인 셈이다. 내성적이고 나서기를 싫어하는 성격 탓에 1분도 채 되지 않는 인사 시간이 12시간 비행보다 더 싫었다. 특히 무섭기로 유명한? 팀장님과 비행이 있는 전날이면 인사를 할 생각에 잠을 설칠 정도였고 대학원 OT 때도 지도교수님과 눈이라도 마주치면 말을 걸어오지 않을까 싶어 가능한 한 돋보이지 않는 자리를 찾아다니곤 했다.

"자기소개가 제일 싫어요. 호호호"

십여 년간 스피치 컨설턴트로서 그리고 면접 코칭을 하는 사람으로서 가장 많이 들은 이야기일 것이다. 200% 공감이 가는 이야기다. 누구보다 자기소개의 경험을 호되게 겪었고 강의하는 것이 직업인 지금도 자기소개를 하라고 하면 머리가 지끈거리니 말이다. 수백 명의 직원을 쥐락펴락하시는 대기업 임원분도 자기소개가 어려워 필자를 찾아올 정도이니 '나를 소개한다'라는 게 쉽지 않은 일임은 분명한 것 같다. 하지만 우리는 필요에 의해서, 어쩔 수 없이 자의든 타의든 자기소개를 해야만 한다. 특히나 그것이 면접 상황이라면 생각할 겨를도 없이 자기소개부터 준비해야 한다. 생각해 보면 면접이란 나를 보여주는 만남이니 나를 소개하는 건 기본이라 할 수 있겠다. 필자처럼 나를 소개하는 것에 어색한 당신들을 위해 가장 쉽게 자기소개를 할 수 있는 방법을 소개한다.

①나의 장점, 매력, 특기, 경쟁력이라고 할만한 모든 것들을 키워드로 간단하게 적는다.

②①번에서 나열한 키워드에 맞는 자신의 경험담을 적어본다.

③경험담이 부족한 것들은 삭제하고 풍부한 경험이 뒷받침해 주는 키워드 3~5개를 추린다.

④챕터 5에서 소개한 지원한 회사의 인재상, 직무 역량과 ③을 매칭한다.

⑤매칭된 2~3가지의 키워드와 경험이 자기소개의 본론이 될 것이다.

⑥이제 본론의 흐름에 맞게 서론과 결론을 만들면 되겠다. 서론은 키워드의 내용과 어울리는 본인의 가치관, 직업관이면 좋겠고 이것이 어렵다면 '안녕하십니까? 지원자 OOO입니다. 저는 저의 장점을 2가지로 말씀드리고 싶습니다.' 이렇게 시작해도 무방하다.

⑦마지막 결론은 짧은 각오나 다짐으로 마무리하면 무난한 자기소개 한편이 나온다.

다음은 그동안 면접코칭을 하면서 만든 교육생들의 자기소개이다. 참고해서 작성하면 좋겠다.

예시 1)

안녕하십니까. Understand를 가장 잘 해내는 인재, OOO 지원자입니다. Under와 Stand라는 두 단어처럼 고객을 존중하며 소통하겠습니다.

저의 가장 큰 강점은 주인의식입니다. 집 근처 제과점에서 주 2회 11시간씩 판매직 아르바이트를 한 경험이 있습니다. 비록 시간제 근무였지만 주인의식을 가지고 제품의 재고를 파악하여 생산량을 조절하였고, 제과점의 가장 큰 골칫거리였던 재고를 최소화했던 경험이 있습니다.

또한, 저는 목표지향적인 성격입니다. 학창 시절 해외 배낭여행 자금 마련을 목표로 세 달간 투잡을 했습니다. 이 경험으로 저는 목표에 열정적인 사람이라는 것을 알게 되었습니다. 이후 한국어, 한국사, 컴퓨터 활용, 토익 등 다양한 시험에서 원하는 점수를 성취해 내어 자신감을 얻었습니다.

이를 통해 더 많은 사람이 OO 은행을 Understand 할 수 있도록 성장하겠습니다. 감사합니다.

예시 2)

안녕하십니까. 준비된 지원자 OO 번입니다.

저는 OO에 지원하기 위해 두 가지를 준비해 왔습니다.

첫째, 분석력입니다. 저는 전자공학을 전공하면서 전기이론을 바탕으로 효율적인 해답을 도출하는 여러 방법론을 배웠습니다. 또 전기적인 지식을 위해 전기기사 자격증을 취득하였습니다.

둘째는, 시설관리 직무 경험입니다. 저는 모 기관에서 제4종 폐수처리사업장을 관리했습니다. 폐수처리장의 위험성 평가를 진행했고, 폐수처리장 이외에도 사업소 시설 전체의 기계설비 유지관리 및 성능점검표를 작성한 경험이 있습니다.

OO에서 분석력과 직무 경험을 더 갈고닦아서, 다재다능하고 신뢰 가는 인재가 되도록 하겠습니다. 감사합니다.


예시 3)

안녕하십니까? 일반직에 준비된 지원자 OOO입니다. 저는 사업 운영 경험과 행정역량을 갖춘 지원자입니다.

먼저, 사업 운영 경험입니다. 대학교 사업홍보팀에서 근무하며 정부 재정지원사업의 기획-운영-결과 과정에 참여하며 고교연계 프로그램 운영, 사업비 지출 등 관련 경험을 축적한 바 있습니다. 또한, 사업

계획서 신규부서 작성 업무를 맡아 잘 모르는 분야임에도 포기하지 않고 작성하여 사업 선정에 이바지한 경험이 있습니다. 실무 경험으로 문서작성 능력, 사업 운영 능력 등을 쌓을 수 있었습니다.

저는 어려움이 있더라도 포기하기보다는 도전하여 성취하는 보람으로 일하고 있습니다.

이러한 저의 역량을 바탕으로 대전 지역산업과 중소기업 육성에 헌신하는 인재가 되겠습니다.


## 2. 지원동기


면접 준비생들의 두 번째 난관! 바로 지원동기이다. 지원동기는 정확히 2가지를 묻는 질문이라 할 수 있다. '직무/ 직업을 선택한 이유는 무엇인가?', '우리 회사를 선택한 기준은 무엇인가?' 필자가 만난 대다수 면접자는 두 가지 이유에 명확한 대답을 하기 힘들어했다. 아마도 이 글을 읽고 있는 당신들도 공감하는 이야기일 것이다. 면접관에게 대놓고 연봉이니, 복지니...... 이런 이야기를 할 수는 없으니 말이다. 그러면 조금 우회해서 생각해 보자. '왜 이 회사를 선택했고, 왜 이 직업을 선택했다.'라고 말하기가 어렵다면 '나의 이러저러한 점이 직무에 매우 적합하다.'로 말이다. 그리고 회사의 현안, 이슈, 정책에 관한 짧은 의견 혹은 참여하고 싶은 회사의 사업을 언급해 주면 좋겠다. 이마저 어렵다면 인재상과 기업이 추구하는 가치와 자신을 연결해 보자.

면접관 입장에서 회사에 대한 관심이나 이해도를 어필하는 것은 매우 기특한 일이니 말이다.

다음에 제시한 몇 가지 사례가 도움이 되었으면 한다.


예시 1)

대학 시절 어릴 적부터 다른 사람을 지원하는 일에 보람을 느끼며 자연스럽게 교육 분야에서 업무 경력을 쌓아왔습니다. 그러던 중 OO에서 사업관리 부서의 소식을 접하게 되었고, 제가 갖춘 사업 운영 경험과 행정역량을 발휘한다면 잘 해낼 수 있다는 확신이 들어 주저함이 없이 지원하게 되었습니다.

입사 후 "지역산업과 기업의 혁신성장을 이끄는 최고의 변화주도자"라는 비전 달성에 헌신하는 인재가 되겠습니다.


예시 2)

간호사로 일하는 동안 현장에서 많은 비행 청소년을 만나게 됩니다. 비행 청소년이라는 이유로 편견의 시선으로 바라보기보다는 청소년들이 살아온 환경을 알게 된다면 그 행동을 마냥 비난할 수 없다는 생각이 들었습니다. 가까운 곳에서 사랑과 나눔을 실천하는 삶을 살고자 했던 저의 간호사 신념을 비행 청소년의 건전한 성장 발달과 재 비행 방지를 예방하고 노력하는 이곳에서 실현하고 싶어 지원하게 되었습니다.

예시 3)

저는 이 일에 적임자라고 감히 말씀드리고 싶습니다.

첫째, 학교 교직원은 다른 구성원들을 보조 도와주는 업무. 무언가를 도드라지게 잘하는 것보다는 다른 사람들이 필요한 것이 무엇인지를 잘 파악하는 것이 중요하다고 생각합니다. 그리고 묵묵히 그들의 곁에서 그들이 빛날 수 있게 도와주는 역할이라고 생각합니다. 이런 점에서 관찰력과 소통, 공감을 중요시하는 저는 적임자라고 생각합니다.

둘째, 누구나 보편적인 길을 따라가는 것이 아니라 자신만의 경쟁력을 개발하여 청년들이 자신의 역량을 발견하고, 기회를 잡을 수 있도록 기본기를 다질 수 있는 OOO의 일원이 되고 싶습니다. 그래서 청년들이 자신만의 콘텐츠를 발견하고 개발하여 우리 사회의 구성원으로서 성장해 나가는 데에 보탬이 되고 싶습니다.

이상으로 면접의 기본인 자기소개와 지원동기에 대해 알아보았다. 그래도 어렵다면 너무 좌절하지는 말라는 말을 하고 싶다. 지원동기나 자기소개를 아주 멋지게 잘했다고 혹은 조금 망쳤다고 결과에 큰 영향을 끼치지는 않는다. 중요한 것은 잘했건 잘못했건 끝까지 긴장을 놓지 않고 면접을 잘 마무리하는 일이다. 그러니 자기소개나 지원동기가 조금 부족하다고 중간에 면접을 포기하는 어리석은 행동은 하지 말자!

# 입사 후 포부

: 회사와 나의 동반 성장을 위하여

# 1. 입사(입직) 후 포부, 무엇을 말해야 할까?

입사(입직) 후 포부는 앞서 살펴보았던 자기소개와 지원동기와 더불어 3대 기본 질문 중 하나이다. 즉, 공공기관이든 사기업이든, 공무원이던, 정규직, 계약직, 신입, 경력을 막론하고 면접을 보는 사람이면 누구나 기본으로 준비해야 하는 질문들이다. 나를 소개하고, 직업과 회사의 선택 이유를 밝히고, 입사 후 나의 모습에 관해 이야기하는 건 기본 중의 기본이라 하겠다. 입사 후 나의 모습이라...... 막막할 수도 있겠다. 감이 잘 오지 않는다면 입사를 앞둔 각오나 다짐 정도라고 생각해도 좋다. 입사 후에 나는 어떤 직무를 맡을 것이며, 조직에서 나의 포지션은 어떻게 잡을 것인지. 어떻게 나의 부족한 역량을 채워 나갈 것인지, 혹은 좀 더 현실적으로 내가 맡고 싶은 직무나 나의 목표, 직무 등을 이야기해도 좋다. 자신의 이야기를 하면 되니 방법은 매우 다양하다. 짤막한 자신의 마음가짐을 이야기해도 좋고, 현실적인 목표인 5년 후의 계획과 10년 후에 회사에서 이루고자 하는 나의 목표를 이야기했다면 다른 한편으로는 어떤 마음가짐으로 그 자리까지 갈 것인지 자신의 직업 철학을 이야기하는 방법도 있다. 다음 예시를 보면서 자신에게 맞는 입사 후 포부를 만들어보자.

## 2. "한 아이를 책임지고 후원하고 싶어요."

10년 전 즈음이었던 것으로 기억한다. 항공사 승무원 공채가 있어 입사 서류점검과 모의 면접으로 하루가 어떻게 지나갔는지 정신이 없던 때였다. 그날도 학원은 면접을 준비하는 학생들로 북적이고 있었다. 3일 연속 12시간씩 앉아 모의 면접을 진행하는데 옆에 계신 면접관께서 물었다.

"OO 씨, 입사 후 포부가 뭐예요?"

"네 제가 OO 항공사에 입사한다면 저는 한 아이를 책임지고 후원하고 싶습니다."

순간, 채점 지를 보다 말고 일제히 고개를 들어 지금 막 이야기를 끝낸 교육생을 올려다보았다. 그 뒤로도 몇 마디가 더 이어졌는데, 워낙 이 한 문장이 신선하게 다가와서 그 뒤의 이야기는 정확히 기억나지 않는다. 하지만 대략 내가 이해한 바는 이렇다. '서비스직의 가장 큰 덕목은 배려, 봉사 나아가 희생인데 그 본질을 잘 꿰뚫고 있다.' 당시 항공사를 준비하는 대다수 학생의 입사 후 포부는 이렇게 정리된다. 영어 공부를 열심히 해서 TOEIC 성적을 올리겠다. 체력 관리를 위해 운동을 하겠다. 칭송레터를 일 년에 몇 장 이상 받겠다. 기내식 메뉴 개발을 하겠다..... 그다지 믿음이 가지 않는 의례적인 이야기라거나 임시방편이라는 느낌이었는데, 한 아이를 책임지고 후원하겠다니......'나는 과연 이런 마음가짐으로 근무를 했었던가' 하는 자기반성까지 들게 하는 이야기였다. 그 뒤로도 학생은 시종일관 진솔한 태도로 면접에 임했고, 결국 최종 합격했다. 10년이 지난 지금도 이렇게 생생하게 기억하는 걸 보면 나에겐 분명 적지 않은 충격을 준 사람이었다. 가끔 이렇게 필자에게 흔적을 남기고 지나가는 학생들이 있다. 그리고 요즘은 1:1 코칭이 많아지다 보니 그 횟수가 잦아지는 듯하다. 매우 기쁘고 반가운 일이다. 그리고 그 학생은 여전히 총기 있는 눈빛으로 승객들을 맞이하리라 믿는다.

## 3. 입사 후 포부 만들기

가장 쉽고 빠르게 만들 수 있는 형식으로 일을 대하는 자세와 간단한 계획을 이야기한다. 단, 내용이 너무 간단하여 압박이나 꼬리 질문이 나올 수도 있다. 후속 질문을 예상하고 답변하는 연습도 미리 해두자.

예시 1)

제가 입사하게 된다면 첫째, 실무에 빠르게 적응하여 관련 경험과 직무 지식을 축적해

나가겠습니다. 둘째, 자기 계발을 꾸준하게 시행하여 다양한 분야에 대한 전문성을 확보하겠습니다. 마지막으로 동료들과는 화합 소통하고 고객에게는 친절하게 다가가는 직원이 되겠습니다.

일에 임하는 자세와 향후 자신의 계획을 이야기한다.

예시 2)

OO(기관이나 회사 이름)이 흐름 속에서 핵심을 짚어내는 통찰력을 배워 대응력을 성장시키고 싶습니다.

이를 위해 첫째, 항상 배우는 자세를 갖추겠습니다.

학원 강사를 처음 시작할 당시, 아는 것과 가르치는 것은 다르다는 것을 깨달았습니다. 학생들과 학원 측의 피드백을 민감하게 받아들였고, 저 자신도 더욱 노력했습니다. 이러한 경험처럼 고객들에게 금융상품을 소개하고 판매하기 위해서 고객의 관점에서 생각하는 마음가짐을 지니겠습니다.

둘째 글로벌 시장을 마스터한 지점장을 목표로 뛰겠습니다.

앞서 말씀드렸던 배우는 자세를 바탕으로 저는 아시아 글로벌 시장의 리더인 OO의 홍콩 지점장으로 저의 여정을 마무리하고 싶습니다.

결론적으로, 국제 정세에 따라 OO이 국내 기업 지원, 새로운 투자 유치, 대외 협력 등의 대응을 통해 한국 경제의 안정을 유지하는지 보고 배우겠습니다.

단기적인 포부와 장기적인 포부를 나누어 이야기하는 것도 괜찮다.

예시 3)

먼저, 기본에 충실하여 신속하고 정확한 업무 처리능력을 갖추겠습니다.

거창한 욕심부터 내기보다는 걸음마부터 차근차근히 할 수 있게 하겠습니다.

그리고 직업상담사, 사회조사분석사 자격증 등 업무와 관련된 자격증을 취득하거나 관련 교육을 수강하여 열심히 배우겠습니다.

더 나아가 교직원으로서 학생들과 함께 성장할 수 있도록 노력하겠습니다.

앞으로 OO는 전 국민을 교육하는 평생교육 기관으로서 중요한 기능을 담당하게 될 것으로 생각합니다.

이를 위해 제 위치에서 제가 할 수 있는 일을 하겠습니다. 산업의 흐름, 이슈의 변화 등에 관심을 가지고, 교육 분야의 발전을 위해 연구하고 고민하겠습니다.

몇 가지 방법의 입사 후 포부에 대해 알아보았다. 어떤 것이 더 좋고, 나쁘고는 없다. 단지 얼마나 진정성 있고 진솔하게 풀어내느냐가 합격의 관건이다. 그러니 다른 사람의 이야기가 아닌 진짜 나의 이야기를 하자.

## 4. 마지막 하고 싶은 말

: 막말, 가슴을 향해 던지자


"여태 탈탈 털렸는데, 마지막 말을 또 하라고?"

마지막 하고 싶은 말이 있냐고 물었을 때 나오는 대다수의 반응은 이렇다. 마치 '무슨 말을 더하라는 건가요?, 빨리 나가게 해 주세요. 제발.' 이렇게 이야기하는 듯한 표정으로 말이다. 마지막 말, 어떤 이야기를 해야 할까? 너무 어렵게 생각하지 말자. 내가 여기 온 이유를 다시 한번 리뷰하자. 합격하고 싶어서, 잘해보고 싶어서, 이번엔 진짜 잘해보고 싶어서 왔다. 그 마음을 표현만 하면 된다. 절실하게 말이다.

"바쁘신 가운데 시간을 할애하셔서 제 말에 귀 기울여주셔서 감사드립니다. 면접의 기회를 주셔서 진심으로 감사드립니다."

물론 괜찮다. 예의 있게 잘 마무리했다. 하지만 내가 얼마나 절박했는지는 없다. 작년에 필자에게 왔던 교육생이 생각난다. 비슷한 직렬의 면접에서만 10번 탈락했고 11번째 면접을 앞두고 필자를 찾아온 것이다. 모의 면접을 진행하면서 필자는 학생의 합격을 직감했다. 보통은 '제가 이제부터 무엇을 하면 될까요?' 하는 얼굴로 필자를 찾아온다. 하지만 그 학생은 달랐다. 이미 10번 떨어진 면접 복기록을 책 한 권은 되는 두께로 타자를 해서 내게 가져왔다. 복기록의 두께와 내용, 면접에 임하는 자세가 남달랐다. 실패를 경험해 보고 바닥을 쳐본 사람의 깊이는 다르다. 답변을 달달 외우지도 않았고, 그렇다고 말이 매끄럽거나 세련되지도 않았다. 하지만 그 투박함 너머의 진짜가 보였다. 절박함. 기억하자. 합격은 절실한 사람의 것이다.

# 두괄식 말하기

: 결론 먼저!

# 1. 무슨 말을 먼저 해야 할까?

결론부터 말하면 결론부터! 내가 주장하고자 하는 이야기의 결론을 먼저 말하라는 뜻이다. 그리고 결론을 뒷받침할 근거나 예시를 제시한다. 면접은 짧은 시간 안에 기업에 적합한 인재인지를 평가하는 자리이므로 장황한 설명보다는 키워드를 담은 단문을 먼저 이야기하는 것이 효과적이다. 다음 예시를 살펴보자.

예시 1)

질문: 스트레스 해소는 어떻게 하나요?

좋지 않은 답변: 아 저는 워낙 긍정적이어서 스트레스를 잘 받지 않는데, 그리고 아무리 슬픈 일이 있어도 금방 잊어버리는 성격이라서...... 만약 스트레스가 있다면 잠을 자기도 하고......

좋은 답변: 네, 집 앞 공원을 산책하곤 합니다. 신선한 공기를 마시며 강아지와 함께 한두 시간 걷고 나면 기분도 상쾌해지고 머리도 맑아져서 거의 매일 산책하려고 노력합니다.

예시 2)

질문: 동료와의 갈등이 생기면 어떻게 하실 건가요?

좋지 않은 답변: 저는 만약...... 갈등이라는 게...... 제가 계약직으로 공

공기관에서 근무하고 있을 때, 다른 부서와 함께 일을 진행해야 하는 경우가 많았는데요. 부서가 다르다 보니 만나서 이야기하기보다는 주로 전화를 이용해서 이야기하는 경우가 많았고, 그래서 하루에도 대여섯 번씩은 전화 통화를 길게 했었습니다. 그런데......

좋은 답변: 저는 일단 동료의 이야기를 충분히 듣겠습니다. 그리고 최대한 상대의 입장이 되어보려고 노력하겠습니다. 그러면 이해와 공감을 바탕으로 대부분의 갈등은 해결이 되었던 것 같습니다. 제가 공공기관에서 계약직으로 근무할 당시~

당신이 면접관이라면 어떤 답변을 듣고 싶은가? 아니 어떤 답변을 듣기가 편한가? 두괄식은 듣는 사람에 대한 배려이다. 더구나 면접관들은 서류 점검하랴, 채점하랴, 질문하랴, 면접자를 요모조모 살피랴 여러 가지 일을 동시에 하는 분들이다. 당신들이 생각하는 것보다 매우 바쁘다는 말이다. 그러니 바쁜 면접관을 위한 명확한 두괄식 말하기를 훈련하자.

## 2. 결론 먼저 말하기! 그다음은?

앞에서 거두절미하고 결론부터 이야기하라는 말을 반복했다. 그리고 약간의 부연 설명이 들어가면 좋겠다. 필자가 10여 년간 면접 코칭을 하며 가장 많이 듣게 되는 말이 '어떻게 말해야 할지 모르겠어요. 말에 핵심이 없는 것 같아요. 횡설수설해요. 내가 무슨 말을 하고 있는지 모르겠어요......' 등이다. 보통은 말에 핵심이 없이 장황하게 늘어지는 경우와 지나치게 말을 아끼는 경우가 있다. 다음 예시를 살펴보자.

예시 3)

면접관: 특기가 있나요?

응시자: 네, 피아노를 조금 칩니다.

면접관: 요즘 본인을 가장 즐겁게 하는 일이나 사람이 있나요?

응시자: 아침 요가를 할 때 가장 즐겁습니다.

면접관: 가장 힘들 때는 언제인가요?

응시자: 제가 교통사고로 몸이 좀 아팠는데 그때가 가장 힘들었습니다.

면접관: 지금은 괜찮은가요?

응시자: 네.

어떤가? 면접관을 배려하는 두괄식으로 답변한 응시자이다. 하지만 뭔가 부족하다. 면접관의 성의 있는 질문에 응시자는 대화를 뚝뚝 끊고 있다. 한 마디로 정성이 들어가지 않은 답변이다. 그러면 이렇게 답변을 바꿔보자.


예시 4)

면접관: 특기가 있나요?

응시자: 네 피아노를 조금 치는데요, 제가 다섯 살 때부터 20년간 쳤으니 가장 오래된 저의 취미이자 특기라고 말씀드릴 수 있습니다. 쇼팽의 빗방울 전주곡을 가장 좋아하고 즐겨 칩니다. 지인들 결혼식의 단골 연주자이기도 하고요.

면접관: 아 그래요. 그러면 재능을 살려보시지, 그러셨어요?

응시자: 네 물론 그런 생각을 하지 않은 건 아닌데요. 제가 좋아하는 것은 그냥 좋아하는 것으로 남기고 싶어서요. 피아노는 그 자체로 제게 큰 위로와 휴식을 줍니다. 그것으로 만족합니다.

응시자: 현명하시네요. (웃음) 요즘 본인을 가장 즐겁게 하는 일이나 사람이 있나요? 피아노 말고요.

응시자: 아침 요가를 할 때 가장 즐겁습니다. 바쁜 일상에 오롯이 나를 위한 시간이라고 말씀드리고 싶습니다. 새벽에 일어나는 것이 힘들기는 하지만 그 시간이 제게는 하루를 버티는 힘이라고 생각합니다.

면접관: 그러면 가장 힘들 때는 언제인가요?

응시자: 제가 3년 전에 교통사고로 다리 수술을 받게 되었는데요 그때가 가장 힘들었던 것 같습니다. 다행히 수술이 잘 끝났고 1년 동안의

재활치료도 무사히 잘 받아서 이제는 걷거나 뛰는 등 일상생활에 전혀 지장이 없습니다. 다시 사고 전으로 돌아갔어요. 하지만 그 뒤로도 요가와 걷기를 꾸준히 하고 있습니다.

예시 3)과 비교하면 정말 물 흐르듯 자연스럽고 서로에 관한 관심과 애정마저 느껴지는 대화이다. 아무리 면접에 객관적인 잣대가 있다고 해도, 면접관을 자꾸 차가운 이성으로 내몰지 말자. 면접관도 미래의 나의 동료이자, 나와 같은 시절을 겪었을 인생 선배이고, 사람이다. 그리고 면접은 사람이 사람을 뽑는 일이다. 물론 냉정한 판단, 객관적인 기준이 있겠지만 본질적으로는 면접관도 함께 일하고 싶은 동료를 뽑는 직장인임을 기억하자.

## 3. 답변 구성 방법 3가지!

예시 4)처럼 자연스러운 대화를 하고 싶긴 한데, 어떻게 해야 할지 감이 안 오는 당신을 위해 간단명료한 답변 구성법 3가지를 소개한다.

①결론 + 이유

보통의 면접은 10분~15분 정도의 길지 않은 시간 동안 간단한 답변을 원한다. 게다가 다대다의 면접이면 한 사람당 발언 시간이 총 3분~4분을 넘지 않는다. 이런 경우 적합한 말하기이니 잘 익혀서 사용하길 바란다.

예시) 친구들이 생각하는 나는 어떤 사람인가?

결론: 유쾌하고 때로는 엉뚱한 사람이라고 생각합니다.

이유: 조금은 차갑고 깍쟁이 같은 저의 첫인상과는 다르게 털털하고 개구쟁이인 제 모습을 보고 친구들은 아마도 저를 엉뚱하고 유쾌한 친구라고 생각할 것 같습니다.


②결론 + 이유 + 사례 또는 경험

①번보다는 조금 긴 듯한 말하기이다. 주로 경험을 묻거나 직무와 관련된 상황면접 혹은 3분/ 5분 발표 등 간단한 PT 면접에도 사용할 수 있는 말하기이다.

예시) 본인의 가장 중요한 가치가 무엇인가요?

결론: 저의 가장 중요한 가치는 끈기입니다.

이유: 어머님은 항상 제게 '나이가 들수록 가장 어려운 것은 꾸준함'인 그것 같다고 말씀하시곤 합니다.

경험: 실제로 지금 예순이 넘으신 큰 이모가 한 분 계시는데요. 이모는 평생 작은 식당을 운영하셨습니다. 집이 가난해서 초등학교만 졸업하셨고 그 뒤로는 생업에 종사하시면서 40년째 식당에서 고된 일을 하셨습니다. 그런 이모께서 월요일이면 배낭을 메고 동네 도서관에 가십니다. 가실 때마다 3권씩 책을 빌려오셔서 다음 주 월요일이면 다 읽은 책을 반납하고 다시 3권을 빌리고...... 를 1년이 넘게 하고 계십니다. 이모를 보면 꾸준함의 가치를 새삼 느끼게 됩니다.

③결론 + 이유 + 경험 + 결론

마지막 방법은 면접 스피치뿐만 아니라 보고, 회의 중 발표나 짤막한 퍼블릭 스피치에서 두루 사용할 수 있는 방법이다.

예시) 취미가 무엇인가요?

결론: 제가 가장 좋아하는 일은 미술관을 둘러보는 것입니다.

이유: 그림은 제게 감동과 위로를 주곤 하는데요,

경험: 제가 어렸을 때부터 미술을 전공하신 아버지와 시간이 날 때면 늘 미술관에 들르곤 했습니다. 그림 안에는 작가의 생각과 시선뿐만 아니라 그가 살았던 시대와 사람, 문화, 역사가 들어있다는 것이 매우 흥미로웠어요. 그림을 보고 있으면 좋은 친구와 차 한잔 하는 기분이 듭니다.

결론: 그래서 미술관 가는 것을 즐기고, 그것이 이제는 제 취미가 되었습니다.


지금까지 답변 구성법을 살펴보았다. 다시 한번 언급하지만 위 세 가지 방법은 당신이 면접을 보거나 보고를 할 때, 혹은 간단한 발표를 할 때도 매우 유용한 말하기이다. 그러니 잘 숙지해서 직접 적용하기를 당부한다. 동시에 면접에서 가장 중요한 것은 답변의 형식이 아니라 진정성임을 기억하길 바란다.

# PT 면접

: 어떻게 보일 것인가?

# 1. PT 면접을 보는 이유

면접을 준비하는 사람들에게 PT 면접은 꽤 까다롭고 어려운 면접일 것이다. 한 가지 주제를 놓고 그렇게 오랫동안 말을 할 자신도 없고, 이어지는 후속 질문도 두렵고, 무엇보다 어떤 주제가 PT 면접으로 나올지 예측이 어렵기 때문이다. 그런데도 기업에서 PT 면접 혹은 발표 면접을 보는 이유는 간단하다. 주어진 과제를 분석하고 해결함으로써 지원자의 업무 능력을 입체적이고 심도 있게 파악하기 위함이다. 문제해결 능력, 업무 내용에 대한 이해도, 전문성, 창의력, 기타 발전 가능성 등을 깊이 있게 평가하여 변별력을 높이는 데 그 목적이 있다. PT 면접의 유형은 크게 두 가지이다. 면접 전에 미리 발표 주제를 주고 PPT를 준비하여 발표하는 방법이 있다. 이 경우에는 준비시간도 상대적으로 넉넉하고, 자료 검색도 쉬우니 부담이 조금 덜 되겠다. 하지만 보통은 면접 당일 발표 주제를 주는 경우가 대부분이다. 주제 검토 시간 15분~20분, 발표 시간은 3분~5분 내외이다. 그리고 발표를 마치면 통상 10분 정도의 후속 질문이 뒤따른다. 그러니 다양한 주제로 검토 시간과 발표 시간을 준수하여 여러 번 연습하는 것이 중요하다. 그러면 구체적으로 PT 면접을 준비하는 방법을 알아보자.

# 2. PT 면접 준비

보통의 PT 면접 주제는 지원한 회사의 이슈나 추진 중인 사업, 직무 이슈가 대부분이다. 아무리 잘 알고 있는 내용이라 하더라도 긴장되는 상황에서 5분간 혼자서 말을 하기란 쉬운 일이 아니다. 발표나 토론이 익숙지 않은 취준생들에겐 더더욱 어려운 일이다. 그러니 PT 면접을 앞두고 있다면 다음 사항을 꼼꼼히 준비하길 바란다.

① 지원한 회사의 홈페이지 정독하기& 눈에 띄는 키워드 메모하기. 예) 인재상, 회사의 비전, CEO 인사말, 홍보 영상 등

② 관련 산업의 전체적인 흐름 파악하기. 회사와 업계의 보도자료, 논문, 칼럼 읽기.

③ 자신의 업무를 구체적으로 파악하여 숙지하고, 관련 경험 정리하기.

## 3. PT 구성 방법: O-B-C

2번에서 당부한 배경지식이 습득되었다면 직접 발표 내용을 구성해볼 차례이다. PT 면접에서 가장 중요한 것은 자신의 머릿속 내용을 시각적으로 구조화하는 것이다. 그래야 논리적으로 핵심 있는 말하기를 할 수 있다. 글쓰기에서 서론, 본론, 결론이 있다면 스피치에서는 OBC 구성이 있다.

주어진 시간 동안 PT 주제를 검토하면서 말할 내용을 O-B-C에 맞게 키워드 위주로 메모한다.

① Opening

: 주어진 주제의 배경 및 환경, 업계의 전반적인 현황 및 필요성/ 제시된 자료의 분석과 문제점 파악

② Body

: 대안 및 해결방안을 3가지로 나누어서 명확하게 제시, 관련 사례나 본인의 경험 추가

③ Closing

: 기대효과나 앞으로의 발전 방향, 임용 후 포부로 마무리.

이렇게 메모가 되었다면 다음과 같이 발표하면 되겠다.


## 4. PT 면접 발표 예시


**예시 1) 조직 내 세대 갈등 해결방안을 제시하시오.**

O: 네 지금부터 발표를 시작하겠습니다. 저의 주제는 조직해 세대 갈등 해결 방안인데요.

요즘 뉴스나 포털에서 종종 눈에 띄는 기사 중 하나가 바로 '갈등'인 듯합니다….

B: 이와 같은 조직 내에서 세대 간의 갈등을 해결하는 방안으로 3가지

를 생각해 보았습니다.

첫째, ~~~ 입니다. 근거와 사례 제시, 정책

둘째, ~~~ 입니다. 근거와 사례 제시, 정책

셋째, ~~~ 입니다. 근거와 사례 제시, 정책

C: 이 세 가지가 이루어진다면 앞으로 조직 내 세대 갈등은 ~~~ (기대효과)

& 이를 바탕으로 입사 후 포부


**예시 2) 다음 제시된 재무제표를 보고 당사의 발전 발행에 대해 발표하시오.**

O: 네 지금부터 발표를 시작하겠습니다. 제시된 재무제표를 분석한 결과 크게 두 가지 문제점이 있어 보입니다. 첫째, ~~~ 입니다. 둘째, ~~~ 입니다.

B: 이와 같은 문제를 해결하는 방안으로 3가지를 생각해 보았습니다.

첫째, ~~~ 입니다. 근거와 사례 제시, 정책

둘째, ~~~ 입니다. 근거와 사례 제시, 정책

셋째, ~~~ 입니다. 근거와 사례 제시, 정책

C: 이 세 가지가 이루어진다면 앞으로 ~~~ (기대효과 또는 발전 방향)

& 이를 바탕으로 입사 후 포부

# 5. 발표 시 유의 사항

① 읽지 말고 말하자.

: PT 면접에서 가장 많이 하는 실수 중 하나는 고개를 푹 숙이고 본인이 빼곡하게 적은 메모지를 보며 죽 읽는 것이다. 기본적으로 면접은 상대방과 얼굴을 맞대고 대화를 통해 나란 사람을 보여주는 자리이다. 그런데 눈 한번 마주치지 않고 본인 할 말만 하는 면접자. 상대에 대한 배려가 전혀 없다고 할 수 있다. 최대한 면접관의 표정을 살피고 눈을 마주치며 내 이야기를 잘 따라오고 있는지, 나 혼자 너무 달리고 있지는 않은지 등을 살피며 발표하자.

② 문장은 짧게 두괄식으로 하자.

: 이것은 PT 면접뿐만 아니라 일반 면접, 퍼블릭 스피치의 기본이라고 할 수 있겠다. 문장이 길면 이야기가 장황해지고 청중의 관점에서 그 내용을 처리하기가 쉽지 않다. 그러니 상대를 배려하여 결론 먼저. 단문으로 말하자.

③ 문어체가 아닌 구어체로 자연스럽게 말하자.

: 우리 나라말은 억양과 어미가 매우 단조로운 편이다. 그런데 격식 있

게 이야기한다는 생각으로 모든 어미 처리를 '다.'로 처리한다거나, 매우 딱딱한 억양으로 이야기하면 마치 대화를 하는 것이라기보다는 책을 읽는 느낌이다. '요. 조'체를 사용해도 좋으니 부드러운 대화형 말투로 말하자.

④ 나열식이 아닌 첫째, 둘째….로 이야기하자.

: 숫자를 사용하여 이야기하면 말이 훨씬 정돈되고, 논리적이다는 인상을 받을 수 있다.

⑤ 브리지 멘트를 하자.

: "다음은 원인에 대해 말씀드리겠습니다." "이에 대한 해결방안을 3가지로 생각해 보았습니다." "결론을 말씀드리면~"과 같은 문장을 넣어주면 상대의 이야기를 놓치지 않고 잘 따라갈 수 있다.

# 6. PT 면접 기출문제

- (본인의 직무에서) 어떤 데이터가 빅데이터가 될 수 있는지, 빅데이터의 수집 및 활용 방안

- 효과적인 온실가스 감축 방안

- 신재생에너지의 발전 방향

- 녹색 성장을 위한 당사가 해야 할 일

- 신상품 개발 및 홍보방안

- 당사의 SWOT 분석

- 청년실업 해결방안

- (현재 추진 중인 사업에 관한) 아이디어 제시

- (현재 추진 중인 사업에 관한) 활성화 방안

- (현재 추진 중인 사업의 문제점) 원인과 대책, 예방 활동

- 당사 이미지 개선 방안

- 정년퇴직에 관한 생각

- 임직원 단합을 위한 프로그램

- 조직 내 세대 갈등 해결방안

- 최근 대두되는 신기술과 직무의 연관성

- ESG 경영 실천 방안

- (지원 회사의) 사회공헌 활동에 관해 설명하고, 이것이 우리 사회에 미치는 영향

- (현재 추진 중인 사업에 관해) 본인이 이바지할 수 있는 방안

- (현재 추진 중인 사업에 관해) 홍보방안

- 자기소개 pt

- 지원 분야에서 자신의 역량이나 강점

- 당사의 경쟁력 강화 방안

- 환율(금리) 상승/ 하락에 따른 대처 방안

- 저출산/ 고령화/ 양극화 대응 방안

- 당사의 지속 가능한 성장 방안

- 고객 유치 및 고객 확대/ 관리 방안

- 당사의 이미지 제고 방안

- 국내외 경제 위기 대응 방안

# 토론 면접

"어떻게 들을 것인가?"

# 1. 토론이 뭔가요?

토론이란 핵심이 되는 문제의 원인을 파악하고 해결책을 모색하는 과정이다. 나와 상대방의 의견을 교환하고 서로 발전시켜 보다 나은 해결 방법을 찾기 위한 과정이라 하겠다. 조직은 한 사람이 아닌 다양한 식견과 전문성을 가진 사람들의 집합체이다. 이러한 조직에서 대부분의 의사 결정은 자연스레 회의나 토론을 통해 이루어진다. 이에 대비해 자유롭게 의견을 교환하고 각자의 생각을 공유하며 더 나은 방안을 모색해 가는 과정인 토론은 어찌 보면 조직의 구성원을 뽑는 면접의 필수요소라 할 수 있다. 다만 주입식 교육에 익숙해진 우리 교육의 특성상 자신의 의견을 정리하여 상대방을 설득하는 발표나 토론에 취약할 수밖에 없다. 이번 장에서는 토론 면접 과정, 주의사항뿐만 아니라 토론 면접 대비 방법과 기출문제까지 수록했다. 철저하게 대비해 꼭 좋은 결실을 거두기를 바란다.

# 2. 토론 면접 과정

토론 면접은 경찰, 7급 공무원, 일부 공공기관과 사기업에서 치러지는 면접 과정으로 일반 직무, 인성 면접처럼 그 빈도가 높지는 않다. 직렬마다 상이하지만, 대략적인 면접 과정을 살펴보면 다음과 같다.

**면접장 입실 – 토의/ 토론 과제 사전 검토 – 집단 토의/ 토론**

① 입실

: 토론 면접은 4~7명이 한 조를 이루며, 면접장에 입실 후, 10분 정도의 과제 검토 시간이 주어진다.

② 토론 방식

: 이때 사회자 한 명이 정해지며 면접관이 임의로 찬, 반을 나누기도 한다. 토론 면접에 자신이 있고 면접을 주도하고 싶다면 사회자를 자청해도 좋겠다. 하지만 일반적으로는 찬, 반을 나누기보다는 자신의 의견을 자유롭게 이야기하는 자유 토론 형식으로 진행된다.

③ 토론 시간

: 과제 검토 후 순순한 토론 시간은 20분~길게는 50분으로 매우 다양하다.

④ 발언 방식

: 주제에 대한 자신의 견해와 중점 토론 내용을 제안하는 모두발언을 돌아가면서 한 뒤 본격적인 토론에 들어간다. 그리고 토론 면접의 막바지에는 자신의 의견을 정리하는 시간을 갖고 마무리한다.

⑤ 면접관의 역할

: 토론이 시작되면 면접관은 참관만 하고 전혀 개입하지 않는 것이 일반적이다.

## 3. 토론 면접 대비 방법

① 일반 시사 상식에 관심을 갖는다.

앞서 언급했듯이 토론은 주어진 주제에 관한 생각과 의견의 교환으로 이루어진다. 그리고 토론 면접에 출제되는 주제 대부분은 현재 논쟁 거리가 되는 사안, 해당 직렬과 관계된 이슈, 쟁점 요소가 있는 현안이다. 특정 사안에 대한 자신의 견해를 갖기 위해서는 우리 주변에서 일어나고 있는 사회 현상들에 관한 관심이 먼저다. 배경지식이 있어야한다는 이야기이다. 토론 면접이 아닌 일반 면접에서도 흔히 나오는 질문 중 하나가 '최근 관심 있게 본 기사나 이슈를 이야기하라'는 질문이다. 이제는 학생이 아닌 사회인으로, 조직의 구성원으로 한 단계 성장하는 만큼 기본적인 시사 이슈는 필수적으로 알고 있어야 함을 기억하자.

② 이슈를 카테고리별로 분류하여 정리한다.

시사에 관한 관심을 가졌다면 이제는 좀 더 적극적인 행동을 취할 차례이다. 하루에 한 가지씩이어도 좋고, 여러 개여도 좋다. 본인이 흥미롭게 읽은 기사나 칼럼, 뉴스를 자신의 언어로 정리하자. 처음에 뉴스나 기사를 요약하라고 하면 낯선 시사용어 때문에 애를 먹는 경우를 종종 본다. 우리가 기사를 읽는 이유는 정보를 얻고 내용 파악을 하기 위함이므로 굳이 어려운 용어를 사용할 필요 없이 자신이 이해한 바대로 쉽게 풀어서 정리하면 된다. 그리고 가장 중요한 것은 사안에 대한 자기 생각이나 느낌을 적는 것이다. 물론 처음부터 잘 되진 않는다. 내용조차 이해하기 힘든 기사에 나의 의견을 덧붙이는 것은 쉽지 않다. 하지만 글을 읽는 것이나 쓰는 것, 그리고 말을 하는 것 모두 훈련이다. 그러니 한 줄이라도 꾸준히 자신의 의견을 담아보도록 하자.


③ 정리한 내용을 이야기해 본다.

기사를 읽고, 요약하고, 나의 의견까지 정리하는 단계까지는 비교적 무리가 없는 것 같다. 하지만 머릿속에 있는 생각과 그 생각을 직접 입 밖으로 꺼내어보는 것은 완전히 다른 문제다. 면접은 머릿속의 내용을 글로 혹은 시험으로 푸는 일이 아니다. 나의 생각을 입을 열어 말로 하는 과정이다. 그러니 지금까지 잘 정리해 둔 내 생각들을 말로 꺼내어보는 과정이 매우 중요하다. 취준생 대부분이 바로 이 부분에서 좌절하고 넘어진다. 책을 읽고 문제를 풀고 그것을 머릿속에 다시 집어넣는 일은 익숙한데, 그것을 말로 표현하는 것에는 매우 취약하다. 하지만 면접을 앞두고 있다면 반드시 거쳐야 하는 과정이다. 면접은 글로 나의 생각을 표현하는 것이 아니다. 면접관과 대화를 하는 것이고, 대화를 잘하기 위해서는 말을 해봐야 한다. 토론 동아리나 스터디를 이용하는 것도 좋은 방법이고 이도 저도 다 힘들다면 혼자서라도 중얼중얼해 보자. 어떻게든 소리 내 말을 해보는 것이 중요하다.


④ 마인드 컨트롤을 한다.

한 가지 주제라도 각자 다른 생각과 견해를 가진 사람들이 모이면 상반된 의견이 나오기 마련이다. 그리고 면접 자리니만큼 서로 자신의 의견을 어필하려고 조금은 날이 서고 예민해질 수 있다. 이때, 나의 의견과 완전히 상반된다고 해서 혹은 나의 의견을 반박한다고 해서 표정이 굳어진다거나 목소리가 떨린다거나 하는 일은 없도록 하자. 토론 면접의 가장 중요한 점은 논리적인 설득과 명료한 의견이기 이전에 상대방을 배려하고 경청하는 태도이다. 그러니 토론하는 동안 평정심을 유지하도록 노력하자.

# 4. 토론 면접, 뭣이 중헌디?

이것만은 반드시 지키자. 토론 면접의 주의사항

① 토론 면접, 말을 많이 하면 유리하다?

앞서 언급했듯이 토론 면접의 핵심은 배려와 경청이다. 상대의 의견을 계속해서 반박하거나 무시하는 행위 또는 자신의 주장을 지나치게 강하게 어필하는 행위는 지양해야 한다. 자신이 돋보이고 싶어서, 좋은 점수를 받고 싶은 욕심에 발언 기회를 독차지한다면 결코 좋은 점수를 받을 수 없다. 토론은 조직 내에서 얼마나 조화롭게 의사 결정을 하는지를 보는 면접임을 명심하자.

② 튀지 않는 방어적 태도가 좋다?

①번과 다소 상반되는 내용일 수 있겠다. 사실 누군가가 나를 계속 평가하는 면접이라는 매우 딱딱한 분위기 속에서 자유로운 토론이 활발하게 이루어지기는 쉽지 않다. 그리고 토론이라는 방식 또한 어색한 면접자들에게서 흔히들 나오는 반응은 바로 방어적인 태도이다. '잘 모르겠으니 중간만 가자' 하는 마음에서 나오는 듯하다. 물론 지나치게 적극적이다 못해 공격적인 태도도 지양해야 하지만 이도 저도 아닌 뜨뜻미지근한 태도는 토론 면접의 본래 취지를 흔드는 것이다. 그러니 최대한 성의 있게 적극적으로 면접에 임하는 자세를 보여주자.

### ③ 자신만이 옳다는 주장은 어떨까?

앞서 언급했듯이 토론은 여러 사람의 의견을 교환하는 장이다. 그러니 다른 사람의 의견이 더 좋다면 '아 네 좋은 의견입니다. 저는 미처 거기까지 생각을 못 했습니다.'라고 깔끔하게 인정하자. 혹은 나의 부족한 면을 다른 사람이 채워주었다면 '감사합니다. 입에서 맴돌기만 했는데 깔끔하게 정리해 주시니 한결 내용이 좋아졌습니다.'라는 감사 인사로 분위기를 부드럽게 이끌어가자. 실제 조직에서는 반짝반짝하는 아이디어를 제시하는 인재보다는 조직의 융화를 도모하는 인재가 더 필요할지 모른다.

### ④ 장황한 설명은 금물

결론부터 이야기하고, 근거와 사례를 제시하자. 여럿이 의견을 나누는 자리인 만큼 청중을 배려하는 이야기 방식도 중요하다. 내가 주장하고자 하는 바를 먼저 간단명료하게 제시하고 근거나 예시를 들어주면 한결 이해하기 쉬운 말하기가 될 것이다.


# 5. 토론 면접 기출문제


- 디지털 성범죄 방지를 위한 카메라 셔터음 무음 기능 해지에 대한 의견

- 범죄 이의자 신상 공개에 대한 찬반 의견

- 유치원 CCTV 의무화 설치에 대한 찬반 의견

- 탄력근무제 찬반

- 검경 수사권 조정 찬반

- 탈원전 찬반

- 10대 투표권에 대한 의견

- 정년퇴직 연령 제한 폐지에 대한 의견

- AI 기술의 발전과 인간의 삶의 질 향상에 대한 의견

- 반려동물 보유세에 대한 의견

- 가림 채용에 대한 의견

- 장애인 인식 개선 방안

- 공직자 재산 기부에 대해 찬반 토론

- 아동 성폭행범이나 연쇄살인범에 대한 사형제도 유지에 대해 찬반

- 가정 폭력 해결방안

- 학교폭력 원인과 해결방안

- 소년법 개정에 대한 찬반

- CHAT GPT 도입 찬반

- 인터넷 악성 댓글에 대한 해결책으로 인터넷 실명제 시행이 거론되고 있는 것에 대한 의견

- 고령자 운전 금지'에 대해 자신의 생각

# 자주 출제되는 기출질문 모음_기본질문

# <나에 대하여>

- 자기소개

- 지원동기

- 입사(입직) 후 포부

- 마지막으로 하고 싶은 말

- 나의 첫인상에 관한 생각

- 성격의 장점 2가지

- 성격의 단점 2가지

- MBTI 성격유형

- 나의 매력 포인트

- 취미

- 특기

- 내가 말하는 나

- 지인들이 말하는 나

- 나를 동물/ 사물에 비유한다면

- 내가 가장 좋아하는 계절

- 내가 가장 좋아하는 색깔

- 존경하는 인물

- 살면서 중요하게 생각하는 가치

- 살면서 지키고 싶은 뜻

- 지금 나에게 가장 소중한 것

- 여유 시간에 하는 것

- 즐겨보는 TV 프로그램/ 유튜브 채널

- 나의 버킷리스트 3가지

- 내 인생의 전환점

- 가장 아끼는 물건

- 지금 읽고 있는 책

- 가장 기억에 남는 책/ 영화

- 요즘 가장 관심 있게 보는 이슈

- 최근 읽은 신문 기사

- 나를 표현할 수 있는 단어

- 다시 태어난다면 어떤 사람이 되고 싶은지

- 스트레스 해소법

- 나의 성공담

- 나의 실패담

- 나의 좋은 습관

- 고치고 싶은 습관

- 나의 별명

- 하루 중 가장 즐거운 시간

- 언제 가장 행복한지

- 건강을 위해 하는 것

- 좋아하는 운동

- 살면서 꼭 이루고 싶은 것

- 현재 하는 자기 계발

- 영어를 비롯한 외국어 구사 능력

- 최근 누군가에게 화를 내본 경험

- 마인드 컨트롤하는 방법

- 10년 후 나의 모습

## <대인 관계>

- 내가 좋아하는 사람 스타일

- 내가 싫어하는 사람 스타일

- 친구를 사귈 때 가장 중요하게 생각하는 것

- 친구들 사이에서 나의 역할

- 대인 관계에서 가장 힘들었던 경험

- 친구들에게 나는 어떻게 기억되고 싶은지

- 친구들 사이에서 주로 맡는 역할

- 친구들에게 가장 많이 듣는 이야기


## <학창 시절>

- 가장 의미 있었던 봉사활동

- 가장 기억에 남는 동아리 활동

- 학창 시절 가장 기억에 남는 일

- 가장 후회되는 일

- 목표했던 일을 달성한 경험

- 열심히 노력했으나 실패했던 경험

- 열정을 가지고 열심히 살았던 경험

- 함께해서 문제를 더 쉽게 해결했던 경험

- 타인을 위해 희생한 경험

- 친구 때문에 피해를 본 경험

- 가장 도전적이었던 경험

- 가장 힘들었던 경험

- 해외 경험

- 가장 기억에 남는 여행지

- 아르바이트 경험

- 학창 시절 가장 기억에 남는 기억 3가지

- 가장 좋아했던 과목과 교수님 또는 선생님

- 가장 싫어했던 과목과 교수님 또는 선생님

- 대학 4년이 의미하는바

- 다시 대학 생활을 한다면 가장 크게 바뀌는 것

- 전공 소개

- 전공 선택 이유

- 대학에서 지식 이외에 얻은 것

# <가족>

- 가족 소개

- 부모님은 어떤 분인지

- 우리 가족을 한 문장으로 표현

- 부모님께 가장 많이 듣는 말

- 나에게 가장 큰 영향을 미친 인물

- 닮고 싶은 가족 구성원

- 가족과 가장 행복했던 기억

- 부모님께 가장 감사했던 기억

- 부모님과 의견 충돌이 있었던 경험

- 부모와의 관계에서 독립적인지, 의존적인지

# 자주 출제되는 기출질문 모음_공무원 면접

# <공무원으로서의 정신자세>

- 공직가치가 공직사회에서 중요한 이유는?

- 공직가치를 실현하기 위해 필요한 태도와 정책?

- 공직가치를 실현함으로써 기대할 수 있는 효과는?

- 본인이 지원하는 부서에 합격하면 부서에 맞는 전문성을 갖추기 위해 어떤 노력을 할 것인지 말해 보시오.

- 본인의 역량 중 어떤 점이 공무원과 잘 맞는다고 생각하는가?

- 중요하다고 생각하는 공직가치가 무엇인지 말해 보시오.

- 공무원의 가장 중요한 덕목은 무엇인지 말해 보시오.

- 조직 역량과 개인 역량 중 어느 쪽이 더 중요하다고 생각하는지 말해 보시오.

- 공직에 들어온 후 공직 사회에서 바꾸고 싶은 점이 있다면 어떻게 할 것인지 말해 보시오.

- 공무원이 갖춰야 할 국가관과 정책관에 대해 예를 들어 설명해 보시오.

- 본인이 생각하는 청렴이란 무엇이고, 청렴을 지키기 위해서 어떤 노력이 필요한가?

- 전공으로 갈 수 있는 다른 직업을 선택하지 않고 공무원을 선택한 이유는 무엇인가?

- 공무원 급여 및 복지에 대한 솔직한 생각을 말해 보시오.

- 공무원노조에 대한 본인의 생각을 말해 보시오.

- 대기업이나 공공기관에 비해 복지와 급여 수준이 열악한 공무원을 지원한 동기는 무엇인지 솔직히 말해 보시오.

- 희망 부서와 다른 부서에 배치되었을 때 본인의 역량을 어떻게 발휘할지 말해 보시오.

- 공무원으로서 하지 말아야 할 행동 2가지를 말해 보시오.

- 공무원의 전문성 향상 방안을 말해 보시오.

- 공직자의 가장 중요한 가치는 무엇인지 말해 보시오.

- 공무원의 6대 의무 중 가장 중요하다고 생각하는 것을 말해 보시오.


## <전문지식과 그 응용능력>

- 전문성 향상과정에서 힘들었던 점? 어떻게 극복했는지?

- 전문성을 높이는데 가장 큰 영향을 미친 것은 무엇이며, 어떤 영향을 받았는지?

- 전문성 향상과정에서 가장 만족한 부분과 불만족한 부분은?

- 코로나19 확산으로 재택근무가 확대되고 있다. 일상에서 할 수 있는 정보보안을 위한 생활 수칙에는 무엇이 있는가?

- 출산율이 떨어지고 있는데 출산 관련 정책의 문제점을 말해 보시오.

- 외국인 공무원에게 자랑하고 싶은 고용노동부의 정책은 무엇인가?

- 지방자치에서 제일 중요한 것은 무엇인가?

- 빅데이터의 유용성과 그 활용방안에 대해 말해 보시오.

- 적극 행정 사례에 대해 말해 보시오.

- 탄소배출권거래제에 관해 설명해 보시오.

- 초고령 사회에 대해 설명해 보시오.

- 환경정책과 개발정책의 대립을 최근의 사례를 비추어 설명하고 바람직한 조화 방안을 설명해 보시오.

- 제4차 산업혁명에 대해 말해보시오.

- 김영란법과 형법의 뇌물죄의 차이점에 대해 말해 보시오.

- 빅데이터를 어떻게 공무에 적용할 수 있는지 말해 보시오.

- 정부의 일자리 창출 노력에 대해 말해 보시오.

- 지원한 직렬에서 시행하고 있는 정책 중 관심 있는 정책과 그 정책의 개선 방안에 대해 말해 보시오.

- 부당노동행위는 무엇이며 이를 개선할 방안은 무엇인지 말해 보시오.

- 남성 육아휴직 제도에 관해 설명하고 개선책을 말해 보시오.

- 공무원 시험 제도의 문제점을 비판적인 시각에서 설명하시오.

- 자치경찰제도란 무엇이며 어떤 장단점을 가지고 있는지 설명하시

오.

- 녹색성장, 저탄소, 화석연료에 관해 설명하시오.

- 학교 정보공시제도의 장단점을 비교하여 말해 보시오.


## <의사표현의 정확성과 논리성>

- 공직사회에서 내부고발이 어려운 이유는?

- 귀하의 내부고발로 불이익이 발생하면 어떻게 대처할 것인가?

- 내부고발로 불이익이 발생하지 않도록 하기 위한 방법?

- 어린이집 아동 학대의 원인은 무엇이며, 그 해결 방안은 무엇인지 설명하시오.

- 근로장려금에 대해 개선하고 싶은 점은 무엇인지 설명하시오.

- 국가에서 새로 만드는 정책에 반발이 생기는데 그 원인은 무엇이고, 이를 어떻게 해결할 수 있을지 설명하시오.

- 대형마트 의무휴업제의 폐지에 관한 생각을 말해 보시오.

- 재래시장 활성화 방안에 대해 말해 보시오.

- 관공서 홈페이지 개설 후 이용률이 저조한 원인과 대책을 설명하시오.

- 성범죄자 신상 공개 시 발생할 수 있는 문제점과 대책을 말해 보시오.

- 임산부 배려석 효용과 개선점을 본인의 입장에서 말해 보시오.

- 사형제도/ 안락사에 대한 본인의 의견을 말해 보시오.

- 공익 실현에 개인의 재산상 손해가 따르게 될 경우 어떻게 해야 하는지 설명하시오.

- 미세먼지 해결 방안에 대해 말해 보시오.

- 사회 저명인사나 가족의 학력 위조 사건 등에 대한 본인의 입장을 설명하고 학벌지상주의를 타파할 방안이 있으면 말해 보시오.

- 상사의 지시가 위법하다면 귀하의 대처는?

- 조직의 요구와 개인의 가치관이 충돌하는 경우, 어느 쪽이 우선이며 그 이유는?

- 귀하의 경험을 활용하여 공직에서 개선하고 싶은 것?

- 개선하고 싶은 부분이 공직에서 추구하는 바와 다른 경우 어떻게?

- 개인역량중심의 업무 방식과 협업중심의 업부방식이 업무 성과에 미치는 영향은 무엇이며, 더 중요한 것은 무엇인가?

- 공직사회에서 세대란 문화차이로 발생하는 가장 큰 갈등은?

- 해당 갈등을 해결하기 위한 공직문화 개선 방안은?

- 귀하가 제시한 개선방안을 활성화하기 위해 어떤 노력을 할 것인가?


## <예의 품행 및 성실성>

- 소통을 늘리기 위해 무엇이 필요할지 말해 보시오.

- 봉사해 본 경험과 이를 통해 무엇을 배웠는지 말해 보시오.

- 본인의 장, 단점을 말해 보시오.

- 인생에서 가장 큰 성과를 낸 경험을 말해 보시오.

- 살면서 도움을 준 경험과 도움을 받은 경험을 말해 보시오.

- 함께 일하고 싶은 상사 유형과 함께 일하기 싫은 유형을 말해 보시오.

- 존경하는 인물과 이유를 말해 보시오.

- 의견 충돌이 있는 동료를 설득할 때 가장 좋은 방법은 무엇인지 말해 보시오.

- 민원인이 전임자의 실수로 발생한 사안을 본인에게 해달라고 요청한다면 어떻게 할 것인지 말해 보시오.

- 대인관계에서 겪었던 어려움과 극복 방법을 말해 보시오.

- 최근에 읽은 책 중 가장 감명 깊게 읽은 책을 소개하시오.

- 정기 구독하는 매체가 있는지, 이유는 무엇인지 말해 보시오.

- 아르바이트하면서 문제가 발생한 경험이 있는지, 어떻게 극복했는지 말해 보시오.

- 타인에게 오해받아 곤란했던 경험과 어떻게 해결했는지 말해 보시오.

- 본인이 생각하기에 고쳤으면 하는 버릇은 무엇인지 말해 보시오.

- 이것만큼은 남에게 질 수 없다고 생각하는 것이 있는지 설명하시오.

- 본인의 이익과 본인이 속한 공동체의 이익이 충돌한다면 어떻게 할 것인지 말해 보시오.

- 조직 내에서 팀워크를 발휘하여 성과를 낸 경험을 말해 보시오.

- 상사가 부당한 지시를 한다면 어떻게 할 것인지 말해 보시오.

## <창의력, 의지력 및 발전 가능성>

- 현재 자기 계발을 위해 하는 것이 있으면 말해 보시오.

- 업무에 창의력을 발휘한 경험이 있으면 말해 보시오.

- 희망 부서는 어디이며, 그 부서의 가장 시급한 과제는 무엇인지 말해 보시오.

- 민원인이 법에 어긋난 것을 요청한다면 어떻게 할지 말해 보시오.

- 조직 생활에서 가장 중요한 덕목은 무엇인지 말해 보시오.

- 업무 지시에 순응하지 않는 하급자를 어떻게 다룰 것인지 말해 보시오.

- 살면서 가장 힘들었던 일과 극복 방법을 말해 보시오.

- 팀의 리더가 될 경우 가장 하고 싶은 일은 무엇인지 말해 보시오.

- 자신의 상사가 자신보다 한참 어린 나이라면 어떻게 할 것인지 말해 보시오.

- 일 잘하는 상사와 사교적인 상사 중 같이 일하고 싶은 상사와 이유를 설명하시오.

- 자신의 부서에 대한 언론의 부정적인 보도가 있다면 어떻게 할 것인지 구체적으로 설명하시오.

- 동료가 일을 제대로 하지 않고 본인에게 떠맡기는 경우 어떻게 대처할 것인지 말해 보시오.

- 본인이 가진 단점을 지속적인 노력을 통해 개선한 경험을 말해 보시오.

- 시간 외 근무에 대해 말해보시오.

- 10년 후 나는 어디서 무슨 일을 하고 있을 것 같은지 말해 보시오.

- 영화 캐릭터 중 자신과 가장 닮았다고 생각하는 캐릭터를 말해 보시오.

# 자주 출제되는 기출질문 모음_공 공기관 면접

- 본인의 삶에서 손해를 감수하고 원칙을 지켰던 사례

- 공공기관 직원으로서 사회적 책임에는 어떤 것들이 있는지

- 회사에서 이루고 싶은 목표

- 사회생활 하면서 가장 난감했던 경험

- 팀 내에서 역량이 부족한 친구들이 존재했을 때 본인은 어떻게 할 건지

- 실패를 경험 한 적 있는가?

- 갈등 해결을 말하라.

- 대학 생활을 중 가장 성공적인 경험?

- 본인의 가장 중요한 가치가 무엇인가?

- 아르바이트 경험 있는지?

- 상사가 부당한 지시를 한다면?

- 친구들이 생각하는 나는 어떤 사람인가?

- 입사해서 꼭 이루고 싶은 것은 무엇인가?

- 우리 회사 인재상?

- 인턴 경험을 소개하라

- 팀 동료와 갈등이 생긴다면 어떻게 할 것인가?

- 동아리 경험을 말해보라.

- 자신의 전공 설명과 업무와의 연관성

- 교외 활동(대외활동)을 말해보라.

- 공부 외에 몰두한 것은 무엇인가?

- 자신만의 스트레스 해소법

- 해외 경험에 대해 말해보라(배운 점, 힘든 점, 느낀 점, 아쉬운 점.)

- 자신의 학점에 대해 어떻게 생각하는가?

- 순환근무 가능한가?

- 봉사활동 경험

- 누군가를 위해 희생한 경험

- 입사하면 어떤 일을 하고 싶은지

- 당사에 대해 아는 대로 말하라

- 해당 직무를 선택한 이유

- 취미를 소개하라

- 지원직무가 어떤 일을 하는지 아는가?

- 살면서 힘들었던 경험

- 자신을 채용해야 하는 이유

- 영어 공부를 열심히 한 특별한 이유

- 가족 중에 자신에게 가장 큰 영향을 미친 인물

- 특기를 말하고 살면서 어떤 부분에 도움이 되었는지

- 인생의 위기 & 보람찬 일과 그것이 인생에 어떤 영향을 주었는지

- 나는 어떤 사람인가?

- 좌우명

- 목표를 정하고 이룬 경험

- 대학 생활에서 전공 말고 중요하다고 생각하는 것

- 감당할 수 없는 과제가 주어진다면?

- 거짓말을 했다가 난처해진 상황이 있다면

- 부득이한 사정으로 내일 당장 결혼해야 한다면 하객이 몇 명이 올 것인가?

- 당신이 팀장인데 과중한 업무로 힘들어한다면 어떻게 할 것인가?

- 상사가 당신을 부당하게 대우하고 인간관계가 안 좋다고 느낄 때 어떻게 해결하겠는가?

- 근무 시간 중 처리할 수 없는 벅찬 업무를 부여받았다면 어떻게 대처하겠는가?

- 우리 회사의 핵심 가치 중, 무엇이 가장 중요하다고 생각하나?

- 본인의 다른 지원자보다 뛰어난 점?

- 특별한 취미나 자신만의 특별한 경험이 있다면?

- 지원한 직무의 강점 및 약점을 말해보시오.

- 귀하의 약점을 개선하기 위해 어떤 노력을 했는지.

- 조직에 적응하기 위해 어떠한 노력을 했는지

- 살아오면서 가장 힘들었던 경험? 어떻게 극복했는지?

- 목표를 세우고 오랜 기간 꾸준히 준비해 온 경험이 있는지

- 공동과제를 수행하면서 하기 싫어하거나 소극적인 조원을 이끈 경험이 있는가?

- 지원자 본인이 가지고 있는 능력을 발전시키기 위해 어떠한 노력을 했는지 말해보시오.

- 지원자가 경험한 일 중 OO 직렬 업무에 이바지할 수 있는 것은 무엇인가?

- 공정하게 일을 처리한 경험을 말해보시오.

- 까다로운 고객을 다룬 경험을 말해보시오.

- 불만을 표시하는 상대를 설득한 경험을 말해보시오.

- 조직 생활이나 학교생활을 하면서 창의적으로 일을 해결했던 경험

- 지원자가 생각하는 일을 잘한다는 기준은 무엇인가?

- 일을 잘하는 사람이 되기 위해서는 어떠한 노력을 해야겠는가?

- 지금까지 살아오면서 가장 후회한 경험

- OO 직렬 업무 시 본인과 가장 잘 부합하는 부분은 무엇이라고 생각하는가?

- 본인이 생각했을 때 가장 좋은 성품과 고치고 싶은 습관이 있는가?

- 단호하게 일을 처리했던 경험

- 갈등 상황에서 타인의 의견을 수용하고 해결한 경험

- 지금까지의 경험으로 강화되나 역량

- 책임감을 느끼고 자신이 맡은 업무에 임한 경험

- 윤리적으로 잘못된 것으로 판단하고 일을 하지 않은 경험

- 고객과 소통하는 자신만의 노하우

- 자신만의 원칙으로 업무를 처리한 경험

- 나를 면접장 내에 있는 사물로 표현하고 그 이유를 OO에 입사한 후 기여 방안까지 접목해 설명하라.

- 새로운 변화로 발생한 문제를 해결한 경험을 말하라.

- OO에서 하는 일은 무엇인가?

- 협업하여 어떤 일을 해낸 경험을 말하라.

- 직무에 대해 아는 대로 말하라.

- 살면서 가장 힘들었던 경험

- 상사나 동료와의 갈등 경험

- OO 면접장에 처음 왔을 때 기분이 어떠했는가?

- 본인이 합격 또는 불합격한다면 그 이유는 무엇인가?

- 고객들을 위해 남들은 하지 않았지만, 본인이 했던 행동이 있다면 무엇이었는가

- 일을 주도적으로 한 경험

- 최근에 사람들에게 싫은 소리를 한 경험

- 거절당한 경험

- 평소에 하던 업무가 아닌 새로운 업무를 시작한 경험이 있는가?

- 새로운 조직이나 환경에 적응하기 위해 어떤 노력을 했는가?

- 부당한 대우를 당한 경험

- 새롭게 주어진 업무 중에서 가장 어려웠던 경험

- 조직의 어떤 프로세스를 후배에게 전수한 경험

- 다른 사람에게는 없는 본인만의 강점

- 기타 경력에 관한 질문

# 자주 출제되는 기출질문 모음_기업 면접

- 공백 기간에 무엇을 했는지?

- 전공과 직무가 맞지 않는데 지원한 이유는?

- 주량은 어느 정도인가?

- 자격증에 관해 설명해 보라. 취득한 이유

- 자신의 영어 실력은 어느 정도인가?

- 학점이 아주 좋은데 공부만 한 것 아닌가?

- 학점이 좋은 데 만약 자신이 면접관이라면 성적이 좋은 사람을 뽑겠는가? 성격이 좋은 사람을 뽑겠는가?

- 성적이 좋은데 대학원에 진학하지 않고 왜 취업하려고 하는가?

- 졸업 실습 프로젝트의 주제를 설명해 보라.

- 전공 프로젝트에서 어떤 일을 담당했는가?

- 해외 근무 가능한가?

- 학점이 안 좋은 이유는 무엇인가?

- 학점에 대해 어떻게 생각하는가?

- 해외 경험에 대해 말해보라.

- 인턴 경험을 소개하라.

- 희망하지 않는 분야에 배치된다면 어떻게 할 것인가?

- 프로젝트 경험을 소개해보라.

- 전공/ 동아리/ 교외 활동을 소개하라.

- 갈등 해결 경험을 말해보라.

- 최근 지원한 분야의 가장 큰 이슈는 무엇인가?

- 다른 회사는 어디를 지원했나? 결과는?

- 본인을 채용해야 하는 이유?

- 휴학 동안 무엇을 했나?

- 실패를 경험한 적 있는가?

- 대학 생활 중 가장 성공적이었던 경험?

- 본인의 가장 중요한 가치는 무엇인가?

- 아르바이트 경험?

- 입사해서 꼭 이루고 싶은 것은 무엇인가?

- 3교대 가능한가?

- 몇 번째 지원인가? 지난번에 불합격한 이유는 무엇이라고 생각하는가?

- 본인의 직무에서 가장 중요한 역량

- 그와 관련된 경험

- 팀 내에서 역량이 부족한 동료들이 존재했을 때 본인은 어떻게 할 것인지?

- 끈기와 관련된 경험?/ 좀 부족한 것 같은데 다른 경험은 업 t나?

- 다른 기업과 동시 합격하면 어떻게 할 것인가?

- 졸업작품이나 대학 생활 중 수상 작품, 프로젝트 관련 질문

- 자신의 장점을 곁들여서 자기소개를 해보라.

- 자신의 성장 과정을 결부시켜 자기소개를 해보라.

- 가족 소개와 함께 자기소개를 해보라.

- 부모님은 어떤 일을 하시는지?

- 가족 중에 자신에게 가장 큰 영향을 끼친 사람은 누구인지?

- 이름에 담긴 의미가 무엇인가?

- 단점으로 인해 피해를 본 경험이 있는가?

- 운동을 좋아한다고 했는데 어떤 운동을 좋아하는지?

- 자신의 특기가 살아오면서 어떤 부분에서 도움이 되었는지?

- 영어 공부를 열심히 했는데 특별한 이유가 있는지?

- 영어 공부를 제외하고 글로벌 인재가 되기 위해 무엇을 준비했나?

- 소모임 활동을 했다고 했는데 거기에서 무엇을 했는가?

- 자신이 승부욕이 강하다는 표현을 하였는데, 그럼 다른 사람에게 질투를 느끼기도 하는가?

- 가장 관심 있는 사회 이슈는 무엇인가?

- 본인의 성격이 '하고자 하는 일은 어떤 식으로든 마무리하고 끝장을 본다.'라고 되어있는데 실제로 그렇게 했던 사례로 우리를 설득해 보라.

- 좋아하는 부분에 몰입도가 높지만, 이는 반대로 그렇지 않은 부분에 대해선 몰입도가 부족하다는 것 아닌가?

- 자소서에 보면 학교생활을 하면서 지금까지 단 한 번도 결석한 적이 없다고 되어있는데 이게 좋게 보일 수도 있지만 어떻게 보면 되게 빡빡한 사람 같아 보이지 않나? 학교생활을 하면서 느낄 수 있는 땡땡이라든지 그런 즐거움을 잘 모르지 않겠나? 사람들과의 소통은 상대방을 이해하는 것도 중요하다. 이 부분에 대해 어떻게 생각하는가?

- 자소서에 적은 내용을 보면 전반적으로 성실함을 어필하고 싶었던 것 같은데 인성 검사 결과를 보면 성실성 척도가 평균보다 낮게 나왔다. 왜 그런 것 같은가?

- 대외 활동이 모두 전공 관련인데, 전공이 외에 한 것이 있는가?

- 본인이 한 경험 중에 정말 도전적이었다고 생각되는 경험 하나 말해보라.

- 교회에 다니는가? 일요일에 출근해야 한다면 어떻게 하겠나?

- 살면서 무언가 성취했던 경험에 대해 말해보라.

- 가장 소통하기 어려운 사람은 어떤 사람인가?/ 지내기 힘들었을 텐데 어떻게 해결했는가?/ 노력한다고 해도 힘들 텐데 어떻게 견뎠는가?

- 기성세대와 대립했던 경험에 대해 말해보라.

- 리더로서 실패한 경험을 말해보라.

- 열정을 보였던 경험을 말해보라.

- 팀 프로젝트 중 팀원 간의 불상사가 있었던 적은 없는가?/ 그런 일이 있을 때의 대처 방법을 말해보라.

- 아르바이트 중에 문제가 생겼을 때 어떻게 해결했는가?

- 인생의 가장 큰 위기 상황은 언제였는가?

- 인생에서 가장 보람 있었던 일/ 그 일이 인생에 어떤 변화를 불러왔는지?

- 조직 내에서 희생을 감수한 경험?

- 직무 관련 새로운 아이템을 제안해 보아라.

- 정직해서 피해 본 경험이 있는가?

- 다양한 봉사 경험과 대외경험에서 무엇을 했고, 무엇을 얻었나?

- 인생의 좌우명은 무엇인가?/ 실천하고 있는가?/ 왜 그런 좌우명을 정했는가?

- 회사에서는 리더십을 발휘하는 사람과 그 사람을 옆에서 보좌하며 도와주는 사람이 필요하다. 당신은 어떤 사람이라고 생각하는가?

- 내부고발자에 대해 어떻게 생각하는가?

- 노조에 대해 어떻게 생각하는가?

- 대기업의 기부에 대해 어떤 견해를 가지고 있는가?

- 당신이 팀장인데. 신입사원이 과중한 업무로 힘들어한다. 어떻게 하겠나?

- 프로젝트 중 일이 잘 풀리지 않는다. 어떻게 하겠는가?

- 감당할 수 없는 과제가 주어진다면 어떻게 하겠는가?

- 내일이 중요한 시험인데 친구가 전화해서 부른다면 어떻게 하겠는가?

- 인생이나 가치관에서 중요한 단어를 하나 말해보라.

- 거짓말을 했다가 난처해진 상황이 있나?

- 어떤 목표를 정해서 이뤘다고 할만한 활동이 있나?

- 우리 회사에 들어오기 위해 무엇을 준비했나?

- 다른 회사 인턴을 했는데, 우리 회사에 지원한 이유는 무엇인가?

- 우리 회사에 대해 칭찬과 비판을 각각 한 가지씩 해보라.

- 우리 회사 광고에 대해 말해보라./ 단점은 없는가?

- 1차와 2차 지원 부서가 다른데 이유는 무엇인가?

# 영어로요? 제가요?왜요?

면접자의 니즈를 파악하라

영어 면접의 경우를 생각하면 난이도를 생각하여 간단하게 두 가지로 나눌 수 있다. 하나는 쉬운 면접, 나머지 하나는 어려운 면접.

베이식한 질문 형태로 물어보는 기본적인 영어 테스트의 경우가 전자이고, 인텐시브 면접으로 영어 프레젠테이션까지 같이 심사하는 경우가 후자다. 후자의 경우는 제대로 영어로 주어지는 업무를 효율적으로 빠른 시간 내에 해결할 수 있는가를 직접 보는 것이다. 고로 영어의 능력의 업무의 능력이 되는 부서가 검증 과정을 인터뷰를 거쳐 능력을 테스트하는 것이라면, 쉬운 면접은 영어를 쓰지 않는 부서에서도 기본적으로 이력서에 제출하는 토익점수와 비슷한 개념이다.

고로 쉬운 면접의 경우는, 기본적으로 묻는 질문에 1분 내의 짧은 대답을 질문을 묻는다. 이때의 질문은 대부분 could you introduce yourself? 정도가 되고, 이때의 답은 개인적인 일부터 시작해서 업무적인 경력까지 다 통틀어서 질문하는 것이라, 그 대답의 범주역시도 영어를 기본적으로 할 수 있는가, 없는가의 심사만 통과할 정도로 얕은 수준의 문제가 제시된다. 그럼에도 이 질문에서 당신을 면접하는 사람이 당신이 어떤 취미를 가지고 있고, 어떤 가족관계, 어떤 성격의 소유자인지보다는 어떤 업무를 해왔고, 어떤 경력을 베이스로 지금 지원하는 회사에서 일을 처리할 수 있는가 하는 수준으로 대답해야 본인에게 가지는 메리트가 커질 수밖에 없다. 모두 다 알다시피 면접은 블라인드 데이트가 아니다. 당신이 좋아하는 취미와 당신의 성격상의 특성이 그 소중한 짧은 시간 동안 어필할 수 있는 소재가 아니란 소리다. 그렇다면 이 두 가지의 케이스를 어떻게 효율적으로 강하고 임팩트 있게 가져갈까를 먼저 고민해봐야 한다. 그래서 영어 면접의 경우는 면접자의 니즈를 파악하고 접근법을 그에 맞게 두 가지로 나누란 이야기다. 실제 접근법은 너무나 간단하고 쉽다. 그 나눠진 것을 기반으로 전혀 다른 방향으로 준비해야 하는 것이 옳다.

1.    자기소개 기반한 짧은 자기소개

2.    업무 역량 및 영어 수준 파악을 위한 프레젠테이션 개념의 자기소개.

1번의 경우는 먼저 자기의 업무적인 커리어의 큰 흐름을 가지고 설명하면 쉽다. 그래서 세세한 부분보다는 전체적인 업무의 전반적인 내용 위주로 가면 좋다. 그럼에도 개인적인 일에 대해서 꼭 집어서 묻지 않은 경우, 특히 제너럴 한 질문의 경우는 영어시험 정도에서 대답할 수 있는 자기소개의 형식은 피하는 것이 좋다. 마케팅팀에 지원하는 킴의 예를 한 번 들어보자.

잘못된 예시:

I am Kim, I am 28 years old. My hobbies are playing the piano and running. And I am the first one in my family. So, I am responsible for everything, that is my good thing. I went to S university, and my major was Marketing. And it was very useful because I can sell something with my knowledge. And it will be helpful to work with you.

이 이야기는 문법적으로는 맞고 내용적으로도 하자가 없어 보이지만, 면접에서 해야 하는 적절한 대답의 예시가 아니다.

교정된 예시:

First of all, it's a privilege to have an interview with you. Thank you for having me today. I am Kim. Previously, I have worked for S company for 6 months as an intern after graduating from S university. I noticed that it was fascinating to make a profit through marketing, which I majored in at university. Consequently, I joined L company, and since then I've been working for them for almost three and half years. I would like to learn more and expand my career path. The main Job I currently conduct is online marketing, especially focusing on social media. I believe my previous experience and work will help your company and I am ready to contribute my experience and expertise to your company.

제너럴 한 자기소개일지라도 잘못된 예시에서 찾을 수 있는 오류, 즉 필요 없는 정보를 과감히 삭제하는 것은 필요하다. 면접은 소개팅이 아니다. 자신의 역량을 짧은 시간에 풀어내어야 하고, 그때, 기본적인

구문을 통해서 영어로 커뮤니케이션이 가능하다는 것을 어필하는 것
외에도, 문법과 단어, 문장 구조등을 통해서 높은 수준의 커뮤니케이
션이 가능하다는 것을 보여주는 것도 수많은 경쟁자들 가운데서 자
신을 어필할 수 있는 기회가 될 수 있다.

그런데, 앞의 예제 역시, 심층 면접, 영어만 쓰는 사무환경이나 영어가
저 업무 영역에서 필수적인 회사일 경우, 주로 해외 마케팅 팀이나 외
국계 회사의 한국지사 정도의 수준에서는 이 정도의 자기소개 역시도
조금 수정해서 더 높일 수 있다. 게다가 경력자 지원일 경우에는 특히
나 더 앞의 제너럴 한 자기소개를 조금 더 수준을 높여서 말할 수 있
어야 한다. 이때는 이미 지원모집에서 배포한 job description을 충분
히 활용해야 한다. 지원자가 영어를 잘해야 하고, 영어 위주의 심층 면
접을 볼 경우 지원자 경력이 영어로도 배포된다. 이를테면 마케팅의
경우는 아래와 같다.

· Role and responsibilities

자, 위와 같은 업무 경력이 필요하다고 영어로 공지된 경우, SEO,
Google Analytics, CMS system, HTML & CSS의 키워드를 찾아서
위에서 소개한 자기소개에 디테일을 추가시켜서 자기소개를 다시 심
화할 수 있어야 한다.

First of all, it's a privilege to have an interview with you. Thank you for having me today. I am Kim. Previously I have worked for S company for 6 months, (mainly involving SEO and finding optimal SEO and putting those SEOs to the system) as an intern after graduating S university. I noticed that it was fascinating to make a profit through marketing, which I majored in at university. (I was interested in online marketing, so I took an extra course to study HTML and CSS as well.) Consequently, I joined L company, and since then I've been working for them for almost three and half years. I would like to learn more and expand my career path. Main Job I currently conduct is online marketing, especially focusing on social media. (During my work, I needed to master Google analytics and other relevant programs like the CMS system.) I believe my previous experience and work will help your company and I am ready to contribute my experience and expertise to your company.

앞서 말한 자기소개에서 job description에서 뺀 키워드 중심으로 조금만 더 추가하면 위의 밑줄 친 괄호 부분이 추가되면서 훨씬 더 이 업무와 나의 역량이 관련이 깊고, 본인이 할 수 있는 역량의 깊이가 달라진다.


바로 면접자의 니즈를 정확하게 파악했을 때, 다양한 버전으로 콜렉팅이 가능하다는 말이며, 그 다양한 버전 중에서 가장 적합한 것을 골라서 전략적으로 써야 한다. 이는 지원자가 어떻게 자신을 어필하여 목표물을 명중시키듯이 자신의 말을 화살처럼 상대의 마음에 정확하게 꽂히도록 할 있는가 하는 질문에 대한 대답일 수 있다. 면접자가 원하는 바가 무엇인가? 일상적인 제너럴 한 화법인가? 조금 더 수준 있는 명확한 커뮤니케이션과 수준 높은 화법인가? 그에 맞춰서 필요한 전략을 짜고 써야 한다. 위에서 말한 세 가지 예시의 다른 점을 파악하는 것이 바로 그 첫 시작이 될 수 있다.

# 파파고를 돌린 스크립트를 외우면 된다? 안 된다?

될 때도 있고 안 될 때도 있다

파파고나 챗지피티를 쓸 수 있으면 최대한 활용하는 것도 면접 준비의 방법이 충분히 될 수 있다. 나는 여러 채널의 도움을 받고, 그 모든 도움을 100프로 사용하여서 최선의 결과물을 내는 것을 목표로 하는 것이 영어 면접에 있어서 중요하다는 생각이다. 그래서 이 과정을 치팅이라고 보지는 않는다. 그러나 모든 면접을 이렇게 AI에게 의존하게 되면, 면접에서의 돌발변수에 대한 대응도가 떨어질 수밖에 없다.

왜냐하면 일단, 면접 자체가 AI 면접관들이 아닌 사람이 보는 면접이며, 그렇다면 예상 문제 역시도 챗 지피티로 예상된 시나리오대로 던져준 질문들이 아닐 확률이 높다. 물론, 기본적인 질문들은 예상했던 범위 내에서 나올 경우가 많지만, 전문적인 경력직의 경우는 당신의 경력의 깊이와 면접관의 직무에 대한 이해도나, 직무의 적합도에 대한 질문이 조금 더 디테일해질 수밖에 없다. 그 경우는 오히려 질문지를 준비하지 못한 경우에 더욱 당황할 수밖에 없다. 기본적으로는 준비된 질문들 위주로 자신의 논리를 펴야 하는 것이 맞지만, 그러려면 영어능력치가 우선적으로 필요하다.

종합하면, 면접의 의도에 따라 영어 면접의 난이도를 두 가지로 나눌 수 있다. 그에 따라 파파고를 써서 가능한 면접, 그렇지 않은 면접으로 나눌 수 있다. 첫 번째, 뻔한 질문을 물어보는 경우, 특히 영어를 써야 하는 업무가 지금 면접을 보고 하게 될 직무의 메인이 아닐 때이다. 뻔한 자기소개의 몇 가지의 포인트를 파파고를 돌리고 외우면 된다. 그럼 이때, 면접자가 해야 할 일은 아래와 같다.

1.  너무나 뻔하고 두리뭉실한 답을 한국어로 써서 영어 번역기를 돌리지 말아야 한다.

2.  파파고를 돌리거나 챗지피티로 완성된 답변은 항상 읽고, 해석하는 단계로 해서 통역상의 오류나 같은 의미 다른 뜻의 이중 사용어의 오류가 없는지 확인해야 한다.

3.  읽은 것을 얼만큼 잘 외울 수 있는가, 그리고 외운 것이 말하는 것처럼 자연스럽게 표현될 수 있는가, 의 포인트를 짚어가면서 많은 연습을 해야 한다.


위의 세 가지 포인트를 잘 고려해서 모든 AI based service를 찾아서 쓰고, 여러 번 연습해서 암기하고 암기하는 것을 자연스럽게 demonstration를 해보면서 면접을 준비하는 것이 옳다. 이 경우는 영어 면접이라도 상당히 쉬운 준비과정을 밟아가면 되고, 시간과 노력을 쓰는 만큼 결과물이 나올 것이다.


그러나 지금부터 말할 두 번째의 경우는 절대 파파고나 챗지피티가 준비시켜 줄 수 있는 레벨의 면접이 아니다. 면접관이 질문한 내용에 대한 답변에 대해서 꼬리에 꼬리를 물면서 늘어지는 압박 면접의 경우, 얼마큼 당신은 예상 문제를 얼마나 디테일하게 그리고 많은 변수에 대해 적절하게 준비했느냐에 상관없이, 그 예상문제를 단 한 번 적중하지 못했을 경우, 당신이 말해야 하는 대답의 스크립트가 없다는 것 하나로 당황할 수밖에 없다. 또한 면접에서의 당황스러움이나 낭패감으로 인해서 다음 질문으로 이어지는 자신감과 발표의 스무드한 페이스를 놓치면 전체적인 맥락에서의 면접 성공률은 떨어질 수밖에 없다. 진짜 문제는 파파고를 돌릴 수 없고 (질문의 형태가 광범위한 경우)와 압박 면접, 혹은 프레젠테이션의 형태처럼 전문적인 고급 영어를 요하는 직무에 있어서의 면접이다.

이때의 체크 포인트를 살펴보면;

1.    당신이 지금까지 해온 업무와 현재 지원한 업무의 유사성과 다른 점에 대한 확실한 이해.

2.    과거 업무의 디테일한 설명과 특히, 어려웠던 업무의 해결방안과 그 해결방안에서 배운 업무 지식 및 마인드.

3.    그리고 2에서 답한 내용에서 지금 현재 지원한 업무에게 도움이 될만한 경험 및 숙련도.

물론 이렇게 간단하게 유추할 수 있지만, 당신의 답변 하나에 대한 질문자의 이해도나, 혹은 궁금증이 면접자의 예상과 전혀 다를 경우는 예상답안의 스크립트가 에이포 5장이 넘어갈 수 있다. 그렇다면 면접자는 이 많은 스크립트를 다 외워서 들어갈 수 있는가? 아니면, 예상문제를 빗나갔을 경우, 즉석에서 스크립트 없이 자신의 의견을 설명할 수 있는 영어 능력이 되는가? 결국, 2번의 경우는 이미 파파고를 돌려서 준비를 했다 할지라도, 너무나 광범위한 범위의 질문을 받을 경우, 혹은 당신의 답변에서 다시 재질문을 통해 전혀 예상하지 못했던 방향으로 흘러가게 될 경우가 높고, 그런 과정에서의 감정적인 당황스러움은 특히나 답변 자체만 달달 외우고 들어간 면접자에게 낭패감, 당황스러움을 넘어서 면접자체를 끝까지 당당하게 밀고 나갈 감정적인 약점을 노출하게 된다.

어느 정도까지는 질문 위주로 가는 것이 많지만, 두 번째의 경우는 파파고를 돌리는 대신, 예상문제의 답을 직접 구술해서 써보는 연습, 그리고 그것을 가지고 말하는 연습, 그리고 그 연습이 되었을 경우는, 질문을 하고, 바로 답을 구술로 하는 영어 말하기 연습의 반복을 통해서 '바로 생각하고 바로 말하기'의 영어 실력 갖추기를 먼저 해야 할 것이다. 너무나 당연한 말이긴 하지만, 만약 100프로 예상답안을 말해서 결국 원하는 직무에 합격이 되었을지라도, 이 정도의 영어 업무 능력의 요하는 직군에 들어갔을 때, 자신이 파파고를 돌려서 업무를 다 해낼 수 있다고 생각하면 안 된다. 늦은 시간까지 야근을 하면서 본인이 하지 못하는 영어, 혹은 파파고에 의지했던 영어로 인해서 스트레스를 받으면서 결국 오래 일을 하게 되지 못할 수도 있다.

결론적으로는, 업무적으로 영어가 많이 쓰이지 않는 절차상의 영어 면접이 필요해서 본 경우는, 파파고를 써라. 그리고 위의 세 가지 포인트를 커버해 가면서 면접을 준비해라. 그러나 그렇지 않을 경우, 업무의 전반적인 흐름이 모두 영어 사용 기반일 때는 스스로 영어 면접을 준비해라. 면접에 파파고 덕분에 합격하더라도, 당신이 영어를 못한다는 이유 하나로 정말 많은 스트레스를 감당해야 하며, 단지 한 시간짜리 면접이 아닌, 하루 종일 파파고가 대신해 줄 수 없는 영어를 써야하는 일로 고통스러울지 모른다.

파파고? 써도 됩니다. 그러나 영어를 전문적으로 해야 하는 일에는 특히나 파파고를 쓰지 말아야 한다. 회사를 위해서가 아니라 바로 당신을 위해서다.

# 한국어/영어 면접 모두 자신을 가장 효율적으로 어필해야

부사와 형용사를 구체적으로 써라

자기 과시와 PR은 한끝차다. 겸손한 자세를 취하면서 자신을 낮게 평가하는 것은 절대 면접관에게 어필할 수 없다. 그렇다고 해서 과대포장을 하는 것 역시도 역효과를 일으키기 쉽다.

그렇다면, 이 한 끝 차이를 자신에게 하도록 풀어낼 수 있을까? 이 질문에 앞서, 영어 면접을 하는 데 있어서 전체적으로 가장 중요한 포인트를 먼저 짚고 넘어가 보자. 어려운 단어선택, 그리고 알아듣기 힘들만큼 빠른 속도로 대답하는 것이 영어를 잘하는 것이 아니다. 대부분은 플루언시 (Fluency)의 개념을 발음을 굴리면서 말을 빨리 한다는데 집중하는데, 이는 영어 말하기에서 가장 피해야 하는 스피킹 방식이며 화법이다. 게다가 원어민 면접관의 경우가 오히려 인토네이션이 완전히 삭제된 빨리 말하기에 적응 못하는 경우가 많다. 정확하게 의사전달을 하는 것은 기본적으로 필요하다. 의미구조의 정확한 이해, 그 의미구조의 구의 적절한 나누기, 그리고 호흡을 써서 나눈 구조를 정확하게 전달할 수 있도록 말해야 한다. 이 연습이 완전히 된 상태에서 내용이 적절한가를 점검해야 한다.

반기문 전 유엔 사무총장처럼 발음을 한국 악센트를 쓰면서 말하더라 하더라도, 인토네이션(intonation)과 강세(Stress)를 정확하게만 쓰면 전 세계 앞에서 연설을 할 수 있다. 그러나 의미 구조를 이해하지 않은 채로 외우기와 빠르게 말하기에 급급한 나머지, 이 모든 과정, 즉 구를 나누고, 나눠진 구에서 연음을 정리하고, 호흡을 쓰면서 잠시 쉬거나, 아니면 발음을 길게 하면서 나눠진 의미구조에 인토네이션을 가미해서 쓸 수 있어야 한다. 이 과정은 비단 면접뿐 아니라, 영어 말하기에서 기본적으로 필요한 '필수 과정'이다. 이 필수 과정이 완비된 상태여야 면접이나 직무가 가능하니, 말하기는 비단 큰 문제가 아닐 수가 없다. 가장 좋은 방법은, 드라마나 시트콤을 딕테이팅(따라 쓰기)하거나 쉐도잉 (따라 읽기) 하기보다는 연설이나 뉴스, 프레젠테이션을 따라 해보는 것이 좋다. 이유는 정확한 발성과 발음, 인토네이션이 연기에 필요한 감정이나 연기자 고유의 톤에 섞이지 않고, neutral tone을 유지하는 화법을 배울 수 있어서다. 이 전 과정은 시간이 필요하다. 그러나 천천히 하나의 비디오, 두 개의 비디오를 따라 하다 보면 점차 익숙해진다. 점진적인 발전은 말하기에 있어서 필수다.

그리고 본격적으로 인터뷰의 화법에서 자신의 PR를 하면서도 자기 과시의 과장이 들어가지 않은 말하기가 필요하다. 이때 필요한 것이 중립적이고 객관화된 자료 기반한 형용사와 부사의 적절한 사용이다. 이를테면, 배우들이 멋진 옷을 입고 화장을 하고 시상식에 나타나 자신의 매력을 어필하듯이, 면접에서는 적절한 어구로 자신의 커리어를 좀 더 강하게 어필할 수 있어야 한다. 이때 간단하면서도 직접적으로 쓸 수 있는 것이 advanced vocabulary 즉, 고급단어라고 한국어로 자주 말해지는 단어 수준을 올리는 것이다. 단어 수준을 올린다고 해서 갑자기 모든 동사를 구어체가 아닌 문어체로 고치면 답답한 느낌을 주고 딱딱한 글 읽는 것처럼 보인다. 이때는 적절한 형용사나 부사로 하고자 하는 말을 더 강하게 어필하되, 뉘앙스나 인토네이션을 차분하며 단호한 neutral 톤으로 교정하여 어필할 수 있다.

예제를 들어보면;

I finished the project while I was involved in marketing in SEA, so it was good for me to improve my experience.

간단한 문장이다. 그러나 밋밋하면서 누구나 할 수 있는 일을 수행했다는 보고의 형태다. 이 보고(report)의 형태를 PR의 형태로 바꾸는 것에 가장 효율적으로 사용할 수 있는 것이 부사다.

The project that I was involved in marketing in SEA was **enormously successful**, and consequence of the project was to improve my capability to deal with **such a critical** task

자, 위의 아래의 화법이 다른 것이 분명하게 와닿는다. 아래의 화법을 calm down 된 태도로 반듯한 자세를 유지하면서 neutral tone으로 발성하면, 당신의 이전 프로젝트 경험은 현재 직무 능력에 상당한 영향을 미쳤고, 가장 성공한 사례가 된다. 그렇지만, fact기준으로 설명한 톤을 유지했으므로, 절대 과장/과시의 범주를 넘지 않는 PR의 화법이 된다.

또 다른 예제를 하나 더 봐보자.

I have experience of dealing with accounting.

위의 예문은 부사나 형용사가 아예 하나도 사용되지 않은 말이며, 이 말의 화법으로 면접관에게 어필할 수 있는 파워가 약하다. 위의 말을 분석하면, 자신의 맡은 역할은 누구나 할 수 있는 일이고, 내가 그런 직무 경험을 가지고 있다는 말과 같다. 어떤 어필도 없다. 배우가 시상식에 집에서 입던 평상복을 입고 세수도 안 하고 나간 꼴을 한 자기소개다. 과연 당신의 면접관을 이 말로 Hooking 할 수 있을까? 당신이라 가정하면, 면접은 그 상품의 백화점과 같은 곳에서 많은 지원자들 중에서 당신이라는 퍼스널 브랜드, 당신의 이름이 붙은 '당신'을 선택해야 한다. 당연히 그 많은 상품 속에서 가장 어필할 수 있는 화법이 필요하다. 단지 당신의 직무 경험을 설명하는 것을 넘어서야, 비슷해 보이는 상품 속에서 당신의 상품성을 강조할 수 있다는 말이다. 즉, 같은 말을 해도 아래처럼 자신을 어필해서 설명할 수 있어야 한다.

I've had substantial experience of dealing with huge data sets for the last 3 years for one of **the biggest global** companies, a leading group, **especially** in this **professional** accounting field.

같은 회계 직무라도 아래의 경우처럼 자신을 충분히 어필할 수 있도록 형용사, 부사를 적절하게 배치해서 써야 한다. 아래의 경우는, 자신의 PR이 제대로 녹여서 들어간 경우라고 볼 수 있다. 이렇게 간단한 예제 두 개만 보더라도 사뭇 형용사와 부사를 사용한 사례가 얼마나 큰 임팩트를 줄 수 있는지가 더 정확해진다.

면접은 짧은 시간에 자신의 장점을 최대한 노출시켜야 한다. 짧은 시간에 같은 말을 하면서도, 다른 형태의 어필을 할 수 있는 것은 물론 전반적으로 면접을 임하는 태도, 발성, 자세와 같은 외형적인 것에서도 올 수 있지만, 조금 더 상세히 내용으로 접근하자면, 화법, 즉 영어를 말할 때의 형용사와 부사를 적절히 배치하여 자신을 최대한 객관적으로 어필할 수 있도록 해야 한다. 물론 형용사의 경우는 Fact based가 되어야 한다는 것은 두 말하면 잔소리다. 그러나, 당신이 해낸 직무가 단지 그 자리에 앉아 있으면 누구나 할 수 있는 직무 수준이 아니라, 중요도가 있는, 난위도가 있으며, 그 직무의 누적치가 당신의 현재라는 것을 어필하도록 말을 풀어낼 수 있어야 한다.

# 영어면접을 위해 아리스토텔레스의 철학을 공부하라고?

강한 임팩트의 중요성

아마도 철학을 공부해 보신 사람이면, ethos pathos, logos를 들어본 적이 있을 것이다. 아리스토텔레스의 수사학에서 사용되는 논리적이고 설득적인 어법에 쓰이는 장치다. 이는 비단 면접뿐만 아니라 영어 사용 문화권에서의 화법의 기본이기도 하다. 이를 면접에서 사용한다면 특수하게도 논리적이고 설득적이면서 자신의 PR를 적절하게 할 수 있는 기법이 되기도 한다. 지난 경험을 통해서 이런 설득적 논법으로 많은 인터뷰를 준비해 왔고, 에토스와 파토스, 로고스를 적절히 가미했을 때 상대방에게 자신을 어필하는 효과를 좀 더 극대화할 수 있었다.

이 내용의 기본부터 알아보자면, 말하는 화자의 힘과 파워에 기댄 논지 전개를 ethos 에토스라고 한다. 에토스는 권위에 기반한 화법이다. According to (에 의하면)나, based on (에 기반하면)을 써서 내 논지의 힘을 더 가지고 갈 수 있는 힘이 생긴다. 이를테면, 기존의 일, 경험에 기반하여서 자신의 경험이나 경력을 에토스에 기대 보면 더욱 말할 때의 파워가 생긴다.

이를테면 자신의 소개에 있어서 Based on my experience of my past career, especially in the pharmaceutical field which is the most prominent commercial and yet public-interested field, I gained a huge insight in medicine라고 하는 것이 단순히 I gained a huge insight in medicine because I worked for the pharmaceutical company라고 말하는 것보다 훨씬 더 파워풀하다. 이 말은 청자, 즉 면

접관에게 가장 효율적으로 자신을 어필할 때 based on 하고 according to를 말하는 화자의 권위에 힘을 더 실어주면서 생기는 부수적인 효과를 극대화해서 말하는 방법이 된다. 혹은 아예 그런 화자를 인용하여서 자신의 의견을 피력할 수 있다. As Steve Jobs once said, 'stay hungry, stay foolish', I always believe motivation of self-growth via work is the most important part of my career.라고 스티브 잡스 같은 인물의 말을 강조하면서 자신의 말을 더 피력할 수 있을 것이다. I always believe motivation of self-growth via work is most the important part of my career라고 말하는 것보다 훨씬 더 면접관에게 호소력 있는 보이스를 낼 수 있기 때문이다.


또 하나는 파토스인데, 상대의 감정에 호소하는 화법이다. 이는 면접에서 또 하나의 스킬로 쓸 수 있다. 결정 과학론자들이 발견한 가장 놀라운 점 중에 하나는 면접할 때 있어서도 면접관들은 면접자의 능력이 동일하고, 같은 선상의 경험치를 가지고, 같은 수준의 경력 및 성과, 혹은 교육 수준이라고 가정한다면, 면접관은 감정적인 선호도가 큰 쪽, 이성적인 판단보다는 감정적으로 우위인 사람을 뽑게 된다는 것이다. 물론 이 경우는 가장 동일하고 비슷한 수준의 면접자들을 놓고 봤을 경우에 해당된다. 감정적 선호도는 실제로 큰 영향을 미치지 않을 것 같지만, 중요하다. 표정과 말투, 자신감과 태도, 그리고 바른 자세와 밝은 목소리톤은 그런 점에서 부수적으로 경력보다 중요한 작용을 할 수 있다. 파토스를 쓰면서 호소하는 점에서는 자신이 얼마나 이 일에 최선을 다 할 준비가 되어 있고, 배울 자세가 되어 있으며, 능동적이면서도 적극적으로 임무를 할 것이며, 또한 팀워크의 경우에 있어서 얼마나 협조적이 될 수 있는가, 하는 감정적으로 호소할 수 있는 모든 경우의 수를 포함한다. 따라서 파토스를 강하게 한다는 말은 그런 감정적 호소에 있어서 가장 면접관의 호의를 받을 수 있는 모든 수단을 다 사용하라는 말이 될 수도 있겠다. 특히 이 책의 앞선 한국어로 면접 준비하는 챕터에서 다룬 태도의 실례가 파토스를 쓴 대부분의 예시가 될 수 있다.

마지막으로 로고스는 로직, 논리에 기댄 화법을 말한다. 대부분의 숫자나 확률, 그리고 데이터가 이 예가 될 수 있다. 자신의 어떤 경험을 했는가, 하는가에 대해서 수치를 언급할 때를 예로 들어보자. 구매의 경우라면 일 년간 다루었던 예산이라던가, 할당 구매 사례, 네고 금액이나 달성 금액을 예로 가져가면 훨씬 더 파워풀하게 면접자에게 정확한 정보를 줄 뿐 아니라, 내가 한 일의 구체적으로 실증적인 사례를 보여줄 수 있는 예가 될 수 있다. 물론 경력직이 아닌 학생의 경우에 있어서도 자신이 노력해서 올린 성과라던가, 자신의 경험 기반한 자격증 (팩트) 기준으로 자신을 호소할 수 있다. 숫자가 굳이 아니더라도 팩트 실증을 통해서 내가 거치고 해낸 경력이나 경험을 나열하는데 구체적인 사례가 될 수 있으므로 좀 더 어필하는 화법이 될 수 있다.

예를 들어서 I've worked as an accountant for S company라고 하는 것보다는 I've worked as an accountant for S company for 3 years, dealing with the expenditure and income which amounts to almost

45K won. 더 정확한 표현으로 자신의 경력을 말할 뿐만 아니라, 자신의 업무의 중요도나 딜에 대해서 더 강조를 하는 화법으로 쓸 수 있는 표현이 된다. 구체적인 숫자를 정확하게 인지하고 있다는 것은 그만큼의 경력을 가지고 있다는 것을 의미하기도 하지만, 그 숫자를 통해 자신의 커리어의 중요성을 더 강조할 수도 있다. (물론 여기서는 더 높은 금액일수록, 업무중요성은 당연히 올라가진다)

다시 정리하고 요약하자면,

에토스:

권위나 신뢰에 기반한 말하는 화자의 힘을 빌어오는 화법이다. 바로 면접자인 자신 (화자)의 경력과 능력을 강조하면서 자신의 말에 힘을 더해주는 방법이 될 수도 있고, 아니면 유명인이나 업계에서 잘 알려진 사람의 말을 인용해서 자신의 말의 근거로 사용할 수 있다. 예를 들자면, 어떤 경험 기반일 때, 경험에서 가져갈 수 있는 권위나 신뢰성을 강조하면서 말할 수 있는 것이 그 화법이 될 수 있다. 예는 앞서 말한 예를 중심으로 하나씩 문장을 작법해 보면 쉽다.

파토스:

나를 선택할 면접관의 감정에 호소하는 작업이다. 물론 감정적인 동요를 불러일으키는 말하는 화법을 쓰는 것을 말하는 것이 파토스이지만, 면접에 있어서 그 영역을 더 넓혀 쓸 수 있다. 목소리, 태도, 호소력 있게 자신을 어필할 수 있는 자세와 화법을 모두 아울러서 가져갈 수 있다. 그래서 감정에 기반에서 청자를 움직일 수 있는 힘을 가질 때를 말한다. 여기서는 면접관의 마음을 훔칠 수 있는 모든 감정적인 선택에 기반할 수 있는 역량을 다 말해도 무방할 것이다.


로고스:

팩트나 숫자를 예로 들어가면서 화법을 정리해서 내 말을 힘을 더 파워풀하게 쓰는 장치, 여기서는 경력관련한 년차수가 될 수도 있고, 딜을 하였다면 딜의 숫자가 될 수도 있으며, 파이낸셜 필드에서의 일이라면 그 필드에서의 직접 딜한 금액이 될 수도 있다. 또한 경력직이 아닌 학생일 경우에 있어서는 팩트 기반한 사실을 나열할 수 있겠다. 어떤 자격증을 위해서 얼마얼마의 시간을 보내서 자격증을 획득했으며, 이 자격증은 X의 직무에 있어서 유용하다 (fact 기반 서술)는 내용이 될 수 있다.


이 세 가지 화법을 잘 쓰기만 하여도 호소력 있는 말을 하는 데 있어서 우위를 점령할 수 있고, 면접관에게 더 강하게 어필할 수 있다. 무릇 말을 한다는 것은 상대의 마음에 들 수 있도록 자신을 어필하는 능력이다. 면접에서도 절대 예외는 될 수 없다.

대부분의 질문은
정해져 있지만,
답변은 그렇지 않다.

뻔한 질문의 유니크한 대답

대부분의 면접에서는 질문이 정해져 있다. 가장 우선하는 질문은 please introduce yourself나 tell me about yourself로 시작하는 것이 대부분이다. 이런 뻔한 질문은 다른 또 예상하는 한 질문들로 이어질 수 있다. 가장 많이 물어봐진 질문들을 요약해 보자면 다음과 같다.

Tell me about yourself. (자기 소개 부탁합니다)

Why do you want to work for this company? (왜 우리 회사에 지원하려고 합니까?)

What are your greatest strengths? (자신의 장점은?)

What is your biggest weakness? (자신의 단점은?)

Tell me about a challenge or conflict you overcame at work. (가장 어려웠던 업무는 무엇이었습니까?)

What is your most impressive work achievement? (본인이 달성한 일은 어떤 일이 있을까요?)

Why do you want to leave your current role or company? (지금 이직을 하려는 이유가 뭡니까?)

What are your salary expectations? (연봉은 어느 정도로 생각하고 있습니까?)

이런 가장 많이 물어봐지는 질문에 대한 유니크한 대답을 정리할 수 있는 것이 면접 준비의 첫 번째이고, 상황별로, 혹은 어떤 예상 불가능한 상황에서 본인이 해결할 수 있는 솔루션과 전략적 방법 모색을 물어보는 심층면접이 그 후가 될 수 있다. 이는 회사가 원하는 보직에 따라서 영어 면접에 있어서 준비해야 하는 과정이 다 다르기 때문에, 이 챕터에서는 이러한 뻔한 질문에 대한 대응방식, 혹은 답변에서만 다루기로 한다. 또한, 심층면접은 각 면접자가 지원하는 업무에 대해서 천차만별의 질문을 상황별로 유도할 수 있기 때문에 모든 질문을 예상한다는 것 자체가 불가능하다.

이를테면 신도시의 출퇴근 유동인구 산출을 위해서는 어떤 조사를 해야 할까요?라고 질문을 던지는 리서치 컴퍼니의 케이스나, 아니면, 출고된 의료 관련 샘플이 오는 도중에 정해진 온도와 규정을 지키지 못해서 폐기해야 하는 경우가 생겼을 때, 늦어진 납기 관련하여 어떻게 문제를 해결할 수 있습니까? 이런 경우는 경력직의 경험이 없을 때나, 그 상황을 직접 가정하여 빠르게 솔루션을 도출하지 못할 경우, 영어로 대답하는 것뿐 아니라, 모국어로도 대답할 수 있는 것이 어렵게 된다. 따라서 직무와 경험 혹은 전문성 관련한 심층 면접의 경우는 자신의 필드에 맞는 예상문제를 도출하여서 준비하기보다는, 그때 상황에 맞추어 가장 자신의 역량과 경험에 기반하여 순발력 있게 질문에 대응하는 '프리토킹' 레벨이 필요하다. 그 외의 경우는 예상질문인 common questions의 뻔한 질문에 대한 유니크한 대답을 생각하고 준비할 필요가 있다.

Tell me about yourself (자기소개 간략히 부탁합니다)

Why do you want to work for this company? (왜 우리 회사에 지원하려고 합니까?)

What are your greatest strengths? (자신의 장점은?)

What is your biggest weakness? (자신의 단점은?)

Tell me about a challenge or conflict you overcame at work. (가장 어려웠던 업무는 무엇이었습니까?)

What is your most impressive work achievement? (본인이 달성한 일은 어떤 일이 있을까요?)

Why do you want to leave your current role or company? (지금 이직을 하려는 이유가 뭡니까?)

What are your salary expectations? (연봉은 어느 정도로 생각하고 있습니까?)

위의 질문에 대한 답변은 비슷할 수도 있다. 특히 경력직의 경우의 직무는 대게 지원하는 업무과 크게 다르지 않아서 비슷한 경험을 가진 사람들의 유사한 자기소개가 이어지기 쉽다. 이를테면,

I am Mina Lee, and I have been working as an accountant for A company for the last 2 years and I mainly deal with planning the company's budget and expenditure. I graduated from university, majoring in accounting and my major and experience are suited for this job. That's why I am applying for this position이라고 다소 심심한, 평범한 자기소개를 했다고 생각해 보자. 면접자의 경우는 이런 유사한 케이스를 하루종일 몇 명이나 봤을까? 물론 컴퍼니의 인기도나 연봉 수준에 따라서 지원자의 숫자는 다양하겠지만, 적어도 비슷한 케이스로 자신의 소개를 하는 면접자의 인터뷰를 이미 보았을 것이다. 그렇다면, 많은 경쟁자 중에서 임팩트 있는 자신의 소개로 자신을 피력할 수 있을까? 일단, 면접 지원자의 학력/경력/스킬이 비슷하거나 동일한 수준에서는 유니크한 자신의 소개를 하는 것으로도 면접을 하는 사람에게 강한 임팩트를 줄 수 있다. 위의 구조를 아래의 구조로 바꾸어서 말해보면 어떨까?

First of all, thank you so much for having me today. I am Mina Lee, and currently working for A company and responsible for accounting and managing A company's budget and expenditure. I honestly believe my major in accounting at university and experience as an accountant for the last 2 years make me realize how critical it is to keep going and digging into one specific career path. It is important to continue to try one goal and enhance my career path with my entire effort. The reason why I am applying for this position is to take one step further to achieve a better level of my career.

아래의 구문에서 볼 수 있는 것은 자신만이 가진 생각이다. 파이널 골을 위해서, 한 우물을 파는 자신의 입장을 피력하고, 그 입장은 곧 자신의 강점으로 부각할 수 있는 유니크한 표현, 생각, 혹은 철학이 된다. 자신의 생각을 이렇게 자신이 가진 생각, 혹은 강점과 접목시켜서 말하면 작은 문장의 변화라도 유니크하게 자신만이 가진 장점을 조금 더 강조할 수 있는 화법으로 전환시킬 수 있게 된다.


다른 예 한 가지를 더 보자.

Why do you want to work for this company? (왜 우리 회사에 지원하려고 합니까?)


대부분의 경우는 자신의 커리어를 넓히고 역량을 강화하는 등의 개인적인 성장이라는 주제에 맞춰서 대답하기가 쉽다. 물론 이는 가장 무난한 대답이며, 실제도로 이렇게 생각하는 지원자가 많기 때문에 I would like to expand my career path라고 간단하게 대답할 수 있다. 하지만 이렇게 말할 수 있고, 말하는 지원자가 많을 것이라는 가정하에서 자신을 좀 더 피력하는 어법을 쓰고 싶다면, 좀 더 구체적 상황을 묘사하여, 직접적인 화법으로 바꿔 쓸 수 있어야 한다.

For the last 2 years, I've been training with a job which makes me understand how to plan a budget and its expenditure at a company, however, once I am competent enough to manage my work easily and efficiently because of hard work, I notice that I need more of a challenge or a challenging goal. I think I am still willing to learn more skills and capabilities for work which can make my career strong and competitive. So, I decided to try and challenge myself for my future career and expand my career path along with it.

이렇게 설명하듯이 내가 겪은 상황과 현재 마음가짐과 태도에 대해서 구체적으로만 설명을 해줘도 적절한 이유가 될 수 있다. 면접을 준비하는 것은 남들이 할 수 있는 대답의 선을 넘어서, 자신의 유니크한 상황을 적절하게 접목해서 구체적인 서사 즉, 스토리 텔링이 되도록 유도하는 방식을 써보자. 훨씬 더 유려하고, 어필할 수 있는 화법으로 내 말에 힘을 더 할 수 있다. 뻔한 질문의 뻔한 대답은 누구나 기대할 수 있고, 누구다 대답할 수 있다. 그러나, 그 논지를 조금만 바꿔서 자신의 견해, 자신의 철학, 자신의 경험 기반으로 대답을 만들면, 뻔한 질문이라 할지라도 누구도 대답하지 못하는 답변을 만들 수 있을 것이다.

# 누구도 신경을 쓰지 않지만 너무나 중요한 난제

### 인토네이션과 강세

영어 면접 시 누구도 신경 쓰지 않지만, 면접관이 한국 악센트에 약한 외국인 실무진일 때, 혹은 본사의 임원급이 될 때는 인토네이션과 강세가 커뮤니케이션의 아킬레스건이 될 만큼 중요한 포인트가 될 수 있다. 얼마나 정확하고 수려한 문장을 구사하는가 보다 더 중요한 것은 그 말이 정확하게 전달될 수 있는가이다. 영어를 접하는 대부분의 사람들이 '발음'이 중요하다고 생각하지만, 꼭 그렇지만은 않다.

UN사무총장이었던 반기문총장의 예로 들어보자면, 인토네이션과 악센트는 정확하게 올라갈 곳, 강조해야 할 곳, 구가 끊어지는 곳에서 정확하게 사용된다. 그래서 발음이 한국특유의 발음이 되더라도 사람들이 국제무대에서 이해할 수 있는, 더더군다나 수려한 문장, 정확한 표현의 문장을 쓴다. 그렇다면, 국제 협회의 수장이 되기 위해서 가져야 하는 영어 수준은 과연 어떤 수준일까? 일례로 반기문의 영어 인터뷰를 그대로 옮겨 쓰기만 해도 바로 별도의 에디팅 없이 '신문기고'를 할 수 있을 정도이며, 그의 인터뷰를 실제로 봐도 신문기재가 가능한 수준의 오피셜 하고 포멀 한 영어를 구사한다고 여겨졌다. 그런데 보통의 경우는 street English 혹은 pup English라고 하는 펍이나 길거리에서 쓰이는 케쥬얼 하고 편한 형태의 영어를 구사한다. 이때는 구어적인 표현보다는 문어적인 표현으로 바꾸어서 써서 신문사설을 꾸려야 하는데, 반기문 영어의 경우는 그런 깔끔하고 오피셜 한 표현, 정확하게 군더더기가 없으되 디테일이 상당히 반영된 영어를 쓴다.

디테일이라 하면 관계 대명사나, 분사구, 혹은 부정사, 부사구 같은 경우의 문법을 써서 정확하게 말하고자 하는 바를 구체적으로 설명하여 쓰는 화법을 말한다. 그럼에도 이분의 영어의 발음은 한국적이다. 그러나 그 한국적인 발음보다 더 중요한 것이 무엇일까? 바로 인토네이션과 악센트이다. 그 점에서 반기문 전 총장의 영어는 한국적 영어발음의 한계를 넘겨버릴 만큼 정확한 인토네이션과 악센트를 구사하여 쓰는 고급 영어이다.

개인적으로, 그리고 영국에서 오랜 시간을 살아온 교포로서 아는 바는, 영어는 발음보다 올라가고 내려가고의 피치를 정확하게 그려내는 '인토네이션' 혹은 단어의 '강세'가 훨씬 더 중요할 때가 많다는 것이다.

영어는 전 세계의 사람들이 다 쓴다. Th가 d로 발음되는 나라도 있고, r이 r의 프랑스나 이태리 발음은 특유의 r의 바이브레이션을 가진다. 그럼에도 그들의 영어는 이해되고 통용된다. 인도 영어나 동남아 영어 역시도 같은 맥락에서 이해된다. 그런데 여기서 중요한 것은 그들의 발음이 각기 다르더라 할지라도 그들의 인토네이션의 맥락에서는 서로 소통할 수 있는 영어를 구사할 수 있다는 것이다.

인토네이션의 예를 들면, 대부분의 전치사, 의미가 없는 be 동사나 have 동사, 즉 be동사가 존재하다는 의미를 가지지 않고, 단지 형용사나 ing와 ed 구문을 보충하기 위해서 문법적으로 문장에 씌어야 하는 경우, 그리고 많은 사람들이 헷갈려하는 관사, 즉, 정관사, 부정관사인, the 나 a의 경우 역시도 이 인토네이션의 강조해야 할 부분에서 제외된다. 그러니, 흘려 쓰는 발음 특, connected sound 연음으로 연결되어 쓰고, 이 때문에 듣기가 안 되거나, 자신이 직접 발음할 때도 원어민 같은 인토네이션을 쓸 수 없는 것이다. 같은 말을 하더라도 높낮이, 그리고 중요도, 그리고 구를 끊어서 말을 연결하는 순서에 따라서 이 인토네이션은 얼마든지 바뀔 수 있고, 이는 연습을 통해서가 아니라, 자연스럽게 말을 익히면서 같이 자동으로 익혀져야 하는 것이다. 인토네이션의 연습은 무조건 많이 듣고, 많이 익숙해지기 밖에 답이 없는 듯하다. 한 예를 가져와본다.


What do you want?

의 문장을 읽어보자. 천천히 what을 강조하면 말 그대로 무엇을 원하는가 궁금해서 물어본 것이 되지만, do you를 강조하면 정말 네가 원하는 게 무엇인가? 이는 애인에게 스위트하게 물어보는 톤도 된다. 자기야 뭐해줄까? Darling, what do you want? 혹은 what do you want? 너 진짜 나한테 바라는 게 뭐야? 가 될 수도 있다. 이때 what이 강조되는가 혹은 do you

가 강조되는가에 따라서 천차만별의 뉘앙스를 풍길 수 있다. 이것이 인토네이션을 기반한 영어다. 그런데 이렇게 인토네이션을 외울 수 있을까? 같은 말이라도 위의 예처럼 상황 따라 다르게 쓸 수 있다.

Excuse me.

Excuse me?

앞의 아래를 내려서 쓰는 excuse me는 실례합니다가 되지만 excuse me? 뒤를 올려쓰면 '너 뭐라고 했니? 가 된다. 이렇게 인토네이션이 다를 때 의미도 달라지지만, 정작 중요한 것은 면접관 앞에서 정확한 영어를 구사할 때 알아듣기 쉽게 말하는 기본적인 장치가 바로 인토네이션에 있다는 말이다. 피치를 어떻게 써야 하는지 알고, 각각의 악센트와 강세가 어디로 가는지를 알게 되면 이 문제는 연습만이 답이 될 수 있다.


강세의 예로 들어보자. 이를테면 면접에서 은행의 일의 중요성을 피력하려고 I notice the Importance of swift transaction and try to do my best to respond to clients promptly.라는 문장을 말한다고 생각해 보자. 그런데 importance의 강세를 1음절인 im에 가져다 놓지 못하고 tance에 쓰면 대부분의 원어민, 그리고 한국악센트에 적응하지 못한 외국인의 경우는 tence에 강세가 있는 impotence, 즉 발기부전으로 듣는다. 민망한 일이기도 하지만, 정말 있어서는 안 되는 아주 가벼운 실수이나 피할 수 있고, 하지 않아야 하는 실수이기도 하다.


그렇다면 이렇게 작은 강세 실수들이 모여서 한 단락, 그리고 면접 전체가 될 때는 아무리 유려하고 정확한 문장을 구사한다 할지라도 무슨 말을 하는지 정확하게 의사소통을 못하게 된다. 이를테면 아이가 옹알이를 할 때의 말처럼, 말을 듣고 있는 면접관의 이해의 피로도를 올리게 되고, 그에 따라서 면접이 얼마나 준비가 잘 되었건, 내용이 얼마나 설득력 있고, 이력이 얼마나 훌륭하던지에 상관없이 '영어기반으로 근무' 해야 하는 환경에서는 면접에서 좋은 점수를 받기도 힘들뿐더러, 면접 자체가 성공적이지 못하게 된다. 면접관이 당신이 말하는 것의 20-30프로를 이해하고 나머지를 가정해서 스스로를 이해해야 한다고 생각해 보면, 아마 면접의 당락은 이미 말하는 순간 정해져 있는 것인지도 모르겠다.

가벼운 문제가 더 이상 큰 이슈가 되지 않도록 하기 위해서는 원어민이 직접 발표하고 말하는 영상, 오디오를 시청 하거나 청취하는 것으로 감을 익히는 수밖에 없다. 앞서 언급했듯이 자신이 원하는 목적에 따라서 인토네이션은 얼마든지 달라질 수 있으며, 또한 강세는 영어로 의사전달함에 있어서 발음만큼 중요하고 때에 따라서는 발음보다 훨씬 더 중요하다. 물론 좋은 스크립트로 가장 훌륭한 인터뷰를 마쳤음에도 면접관의 피드백이 무슨 말을 하는지 도저히 알 수 없었다는 언급을 들었다면, 당신이 고쳐야 할 문제는 바로 '인토네이션'과 '악센트'에 있다는 것을 알고 교정을 해나가야 한다. 단지 면접이 아니라, 영어로 행해지는 모든 커뮤니케이션을 위해서라도 말이다.

# 밀당도 해볼까요?

Soften English의 우아한 반전

영어의 화법은 한국어와 다르다. 고로 아무리 내성적인 한국인이라 할지라 할지라도 외국인, 특히 영어를 쓰는 사람의 이해는 외향인이라고 느껴진다. 다름 아닌 바로 화법의 차이에서 오는데, 한국어가 직접적으로 질문과 답을 취하는 형식이라면, 영어는 soften English 즉, 말을 순화해서 쓰는 기법을 쓴다. 고로, 대게의 영국인과의 대화를 한다면, 도대체 무슨 말을 하려는 거지? 직접적으로 말할 수 있는 것을 '예를 갖춰서' 최대한 '당신의 심기를 건드리지 않게' 둘러서 말한다는 것을 알 수 있을 것이다. 이는 화법 자체에서 오는 오해이며, 가끔은 한국인이 한국어를 그대로 번역한 화법을 쓴 경우는 '예의 있지 않다. 굉장히 단호하다'는 오명을 쓸 수밖에 없다. 바로 각자의 화법의 차이에서 오는 미묘한 작은 다름에서 오는 오해이다.


해외취업의 경우에 있어서는 특히나 원어민 면접, 특히 뉘앙스의 다름을 인지하지 못하면, 이렇게 언어의 차이에서 오는 미묘한 다름에 작은 오해가 생길 수도 있다. 또한, 글로벌 컴퍼니의 경우는 면접의 최종단계에서 실무진 면접 시 외국인 실무진과 직접 면담을 해야 하는 경우도 생긴다. 물론, 한국인이 영어 면접을 주재하는 자리라면, 같은 문화와 언어를 공유하는 사람으로서 특별히 신경 쓸 일이 없겠지만, 한국인이 아닌 경우라면 이러한 사소한 문제까지도 챙겨두는 것이 좋겠다. 또한 입사 후 수도 없이 쏟아지는 줌미팅의 경우는 이런 작은 뉘앙스의 다른 점을 이해하는 것은 센스를 넘어서 좋은 네트워크의 설정 및 유지에 있어서 크게 도움이 될 수 있으므로 미리 점검해 두는 것도 좋다.

과연 soften English는 무엇인가? 단답으로 말하자면 직접적인 화법을 피하는 기법을 말한다.

She is not kind 같은 부정의 형태를 쓸 때, she is far from kind가 같은 뜻임에도 훨씬 더 소프트해진, 말랑말랑해진 표현으로 자신을 쓸 수 있다. Kind of, sort of를 넣는 방식이라던가, 말의 서두에 I think라는 자신의 생각을 첨가적으로 넣는 것 등의 화법은 직접적으로 자신이 단언한 말에 대한 책임을 피할 수 있는 화법이기도 하다. 고로 화법을 조금만 변경시켜서 예의를 갖추고 말의 책임에 대한 무게를 피할 수 있는 영어적 화법을 익혀두는 것은 필요하다.

이는 주로 부정문의 질문에서도 잘 등장하는데, I don't know 같은 경우도 다르게 바꿔서,

소신 있으면서도 분명한 자신의 의견을 부드럽게 피력할 수 있다. I don't know. I have no idea는 문법상, 의미상 틀린 문장은 아니지만, '모르는 사람'의 무지를 보이는 말투이다. 이 말투는 아래와 같은 예제로 바꿀 수 있다.

1.   Who knows for sure? but as far as I am concerned with the fact that…

2.   It is not clear that…

3.　　It is unknown that....

4.　　There is insufficient evidence that....


이런 식으로 바꿀 수 있다. That의 뒤에는 주어와 동사, 목적어를 갖춘 문장을 완결하게 쓴다면 정확하면서도, 자신이 모르고 있다는 무지를 드러내지 않고, 그리고 아는 만큼의 경우를 설명할 수 있는 화법을 쓸 수 있다. 특히 자신의 모르는 문제에도 자신의 의견을 피력할 수 있는 말투가 된다. 이런 어법은 영어로 상대를 설득하고 이끄는 데 있어서 매우 중요하다.


특히 상대방, 혹은 면접관의 의견에 동의를 할 수 없는 경우, 즉 I don't agree with you의 경우만 하더라도, soften English를 써서 얼마든지 예의 있게 바꿀 수 있다.


1.　　I partly agree with your idea but it seems not right to say...

2.　　Considering pros and cons, I believe..

3.　　I totally understand what you mean, however, it is commonly incorrectly assumed that..

에서도 say, believe, that 뒤에 완결한 문장을 연결해서 쓴다면, 상대방의 기분을 거스르지 않고도 얼마든지 반박의 형태를 쓸 수 있고, 이는 결례가 되기는커녕 어떤 문제에 대한 정확하고 구체적인 견해 (insight)를 가지고 있음을 거꾸로 어필해서 쓸 수 있는 좋은 기회가 되기도 한다.

무지를 대놓고 드러내지 않거나, 반대의 의견을 제시함에 있어서도 반감을 사지 않은 훌륭한 화법을 쓰는 것은 면접뿐만 아니라 영어를 사용하는 사람들과의 네트워크의 빌딩에 있어서도 중요한 트릭이 될 수 있다. 예를 들어서 면접관이 내가 모르는 질문을 했다고 해서, I am sorry, I have no idea with it (죄송하지만 잘 모르겠습니다)이라고 하기보다는 I am afraid that my opinion is not a clear enough response to your question though, I believe …. (질문하신 답의 충분한 답이 될는지는 모르겠습니다만, 제 생각에는….)으로 문장을 연결해서 말을 한다면 훨씬 더 상대방이 듣기 편하게 말을 할 수 있을 뿐만 아니라, 부담이 갈 수 있는 내용을 완곡하게 표현함으로써 자신의 의견을 말하되, 강력하게 반감을 살 일을 피할 수 있는 화법이 될 수 있다.

영어면접은 의사가 통하는 소통, communication 단계를 지나서 서로의 구체적인 니즈와 조율까지 가야 할 경우는 특히나 이런 화법을 익히는 것이 중요하다. 해외취업의 마지막 단계인 연봉 조정단계는 특히나 단답형을 구사함으로써 협상의 기회를 놓치는 게 아니라, 협상의 폭을 넓혀서 내가 원하는 조정폭까지 이끌어갈 수 있는 우아한 화법 soften English, 특히 무지를 드러내지 않으면서도, 강력한 자신의 주장이 청자의 입장에 거부감을 주지 않는 예의를 갖추는 것은 비단 영어 문법으로 커버할 수 없는 '말의 최고 단계'여야 하지 않은가 생각한다.

한국어도 마찬가지이다. 모국어가 한국어라 할지라도 상대방을 설득하고, 또 자신의 좋은 인상을 피력할 수 있는 화법은 사람마다 달리 쓸수 있다. 영어 역시도 이런 화법과 예의를 갖추고 advanced technique 의 기법을 연구한다면 훨씬 더 유려하고 세련된 면접의 화법을 익힐수 있을 것이다.

# 영어울렁증은 어떻게 극복하나요?

지금 영어로 말하고 있다는 사실을 잊어라.

이 챕터에서는 가장 근본적인 질문이라고 할 수 있는 영어 울렁증에 대해서, 그리고 나아가 영어 면접의 울렁증에 대해서 이야기를 해보자 한다. 가끔 학생들을 가르치면 이런 말을 듣는다. 술을 마시면 영어가 갑자기 늘어요. 싸움을 할 때면 영어를 갑자기 잘하게 돼요. 나는 이런 경우는 자신만 느끼는 것이 아니라 실제로 그러하다. 왜 그럴까? 말을 할 때 영어로 말하고 있다는 것을 주로 잊어버리기 때문이다. 이슈에 정말 집중을 하게 되는 경우, 특히 말싸움에서의 이슈는 가장 쉽게 화자가 자신이 쓰는 언어가 모국어인지 외국어인지를 잊게 만든다. 또 술을 마시게 될 때도 남을 의식하거나, 자신이 어떤 언어를 쓰고 있다는 것을 의식하는 것을 하지 않게 되므로 말일 술술 나온다는 것을 알 수 있다. 반대로 긴장을 하면 할수록 말을 더듬거리게 된다거나 평소에 쉽게 생각할 수 있는 단어나 어순도 깜박 잊어버리게 된다. 이런 말을 못 할 때 와 잘할 때를 염두에 두고 연습을 할 수 있으면 면접에서도 좋은 점수를 받을 수 있게 된다.

· 　　　내가 영어로 말을 하고 있다는 사실을 잊어라.

현재 내가 영어로 말하고 있다는 것에 너무 집중을 하게 되면 주위를 의식하거나 평소에 했던 말도 실수를 하게 된다. 이를 방지하기 위한 면접의 팁은 카메라로 먼저 제3의 눈을 의식해서 말해보는 연습이다. 물론 거울을 보고 하는 것도 좋지만, 카메라로 녹화를 시키고 다시 리코딩을 보는 작업에서도 자신이 어떤 부분을 어색하게 말하는지, 그리고 어떤 부분을 자연스럽게 말하는지 일단 자신의 스피킹의 장단점을 파악할 수 있을 뿐만 아니라, 카메라를 의식하지 않고 말을 한다는 것이 나아가 사람들을 의식하지 않고 말하는데 도움이 될 수 있다.

많은 사람들이 자신의 말에 너무 집중을 하고 있거나, 혹은 프레젠테이션을 하는 것처럼 청자가 중요한 정보를 안내하거나 설명해야 하는 경우는 자신도 모르게 떨게 된다. 이는 자신의 말을 너무 많이 의식하기 때문이라고 본다. 따라서 이런 의식을 놓는 것, 혹은 카메라를 켜놓고 연습을 하는 것을 통해서 완전히 자신이 영어를 쓰고 있다는 것을 잊고 사람들 앞에서 당당하게 스피치를 하는 연습을 해야 한다. 이는 물론 영어 울렁증뿐만 아니라 한국어로 하는 인터뷰 울렁증까지 동시에 해결할 수 있는 방법이기도 하다. 특히 청자를 의식하는 상태를 오히려 말의 토픽에 집중하는 상태로 전환시켜줘야 한다. 그래서 카메라를 켜놓되, 편하게 스피치 하는 연습을 하다 보면, 더 이상 카메라를 의식하지 않은 상태가 올 것이다. 영어 역시도 스스로 자신이 영어로 말하고 있다는 것을 의식하기보다는 주제에 집중하는 것도 필요하다.

· 첫 파트는 외우는 것도 괜찮은 방법이다.

첫 시작을 유려한 스피치로 시작하면 아무리 중간에 막히더라도 당황하지 않고 재치와 빠른 대응으로 넘길 수 있게 된다. 그러나 첫 시작을 너무나 당황한 나머지 말할 수 있는 사실도 못했을 때 순차적으로 막히게 된다. 아마 토익이나 토플 리스닝 테스트에서 많이 느껴봤을 것이라는 생각이 드는데, 보통 첫 번째의 문제를 놓치면 첫 번째의 문제를 생각하느라, 뒤의 연달아서 나오는 문제를 듣지 못하거나, 들어도 빨리 파악을 하지 못해서 감정적으로 당황하는 경우가 생긴다. 순차적으로 문제가 정해진 시간마다 나오기 때문에 리딩과는 다르게 각자의 페이스에 맞도록 문제가 주어지지 않는다. 그렇자면 첫 번째 한 문제를 먼저 놓치면 두 번째에도 분명히 영향을 줄 수밖에 없다.

이런 심리적 특성을 파악한다면, 첫 시작 즉, 자기소개 (self-introduction)은 앞부분이라도 외워서 대답을 하는 것이 자연스럽고 유려한 화법을 쓸 수 있다. 하지만 모든 질문을 예상할 수 없으며, 또한 모든 예상질문을 확보해서 준비한다 할지로 모든 대답을 다 외워서 들어가긴 인터뷰 시간에 따라 다르겠지만, 영어면접의 점수를 크게 보는 해외 영업팀이라던가 해외 아웃소싱, 혹은 해외펀드 모집이나 외국 거래처와 일하는 바이어 혹은 리테일러의 경우는 모든 답을 영어로 외워서 들어가기는 힘들다. 다만 첫 시간 부분은 대부분의 경우는 비슷한 질문일 때가 많기 때문에 자기소개 정도는 화법이 아주 자연스러워질 때까지, 외워서 말하고 있다는 것을 면접관이 눈치채지 못할 정도의 영어 스피킹을 하면 된다.

· 입 밖으로 내뱉으며 말하는 연습이 중요하다.

당연한 말 같지만, 한국어나 영어 면접 모두 연습을 많이 할수록 잘하게 된다. 특히 영어 울렁증이 있는 경우는 자신의 심리적인 압박이나 스트레스가 편해질 수 있는 환경에 자주 노출되어 영어를 쓰는 것도 큰 도움이 될 수 있다. 스몰토크를 외국인과 나눠볼 기회를 자주 가진 다던가, 어떤 뉴스에 관해서라도 자신의 의견을 요약해서 말할 수 있는 정리 하여 말하기 연습을 해본다던가, 아니면 쉐도잉처럼 특정 비디오 크립을 보고 끊어가면서 따라 하는 것도 영어와 친해지는 길이 될 수 있다. 그러나, 영어 공부를 하는 것이 아니라 영어 면접을 준비한다면 화법은 조금 더 포멀 해지거나 오피셜 한 공식석상의 화법에 가까워진다. 그래서 영화나 드라마를 보고 단문위주의 이야기를 따라 하는 것보다는 연설문이나 비비씨 뉴스 같은 것들로 연습하는 것이 훨씬 더 영어 울렁증을 극복하는데 도움이 될 수 있다. 연습방법도 다양하고, 연습 교재나 뉴스도 무궁무진하지만, 가장 중요한 핵심은 속으로 말하지 말고, 입 밖으로 여러 번 내뱉어서 말하기에 익숙해져야 한다.

# If I were you,

면접자의 관점을 이해하라.

타인을 욕망을 이해하면, 그들에게 물건을 팔 수 있다. 마찬가지로 내가 온전히 내 상품가치를 아는 것보다 더 중요한 것은, 면접관이 원하는 것이 무엇인가인지를 확인하라는 것이다. 물과 빵의 예로 들어보자. 배가 고픈 사람은 빵을 찾는다. 반면 목이 마른 사람은 물을 찾는다. 면접관의 니즈도 모른 채 자신이 빵을 줄 수 있는 사람이라는 것을, 목이 마른 면접관에게 호소를 아무리 해봤자, 그 빵맛이 얼마나 기가 막힐지언정 먹히지 않는다. 그들의 니즈는 물이기 때문이다. 그 반대의 경우도 마찬가지이다.

얼마나 타인의 욕망을 이해하는가는 얼마나 자신의 상품가치를 낼 수 있는가를 분명히 할 수 있는 길이기도 하다. 면접을 도와주는 영어 튜터이기도 하지만, 내 경우는 작은 교육 스타트업의 창업자이기도 하다. 사람들이 니즈를 얼마나 맞춰주는가는 내 커리큘럼이 얼마나 훌륭한가 보다 훨씬 중요하다. 필요한 사람에게 필요한 것을 주는 것, 그것이 바로 자신의 가치를 가장 높게 매길 수 있는 길이다. 이때 필요한 가정의 상황 if I were you (내가 만약 당신이라면)이다. 당신이 면접관이라면, 이러이러한 사람을 뽑겠는가, 당신이 이 회사에서 필요한가? 당신에게 이 회사가 바라는 바가 무엇이겠는가를 정확하게 인지하고 가야 한다. 물론 이는 job description에 분명히 기재된다. 그래서 이 커닝 페이퍼와도 같은 역할을 할 수 있는 job description 없이 면접을 준비한다는 것은 족보 없는 시험을 준비하는 것처럼 가이드라인이 없는 것이기도 하다.

일단 영어 면접의 경우는 job description에서 모르는 단어나, jargon (전문용어), abbreviation (축약형 단어)는 모두 마스터해서 그 의미를 정확히 알아야 할 뿐 아니라, 그 단어를 입에 익숙하도록 익혀서 - 비록 이 전에는 같은 의미의 다른 단어를 썼을지라도 - 바꾸어서 풀어내는 연습을 해야 한다. 기본이다. 바로 자신이 면접관 혹은 회사의 입장이 되어서 회사가 필요한 것을 제공할 수 있다는 것을 기본으로 설명을 해야지, 자신의 경력과 교육 및 인적사항 등의 PR로 job description과 무관한 말을 많이 하게 된다면, 오히려 이는 PR이 아니라 감점의 요인이 될 수 있다. 물론 자신감 있는 태도와 기존의 경험에서 배운 지식은 중요하지만, 그 지식이 현재에 자신이 지원한 일과는 전혀 무관하다면, 오히려 그 경력은 이 일에 있어서 이익이 되기보다는, 면접관에게는 신입 사원처럼 다시 가르쳐서 투입해야 하는 손이 많이 가는 인력에 불과하다. 고로, 자신의 경험이 면접관이 원하는 답인가, 내가 당신이라면 어떤 사람을 뽑으려고 할까, 상대의 관점을 이해하는 것은, 선택을 당해야 하는 입장에서 가장 좋은 질문이 될 수 있다.

물론, 구직을 하는 사람 역시도 여러 회사를 두고 선택을 해야 하는 입장이 될 수도 있지만, 그 전제는 당신이 회사 지원에 합격했을 때의 경우를 전제하는 말이다. 그러니 일단 상대의 마음에, 회사의 job description에 부합하도록 자신의 경험치에 어떤 부분을 포커스 할지를 파악하는 것이 첫 번째다.

다음은 글로벌 컴퍼니의 job description이다. (예: 어카운팅 파트)

· Document financial transactions of various types by entering account information data

· Analyze accounting options and suggest financial actions

· Summarize financial status by collecting information and preparing balance sheet, profit and loss , account statement, and other reports

· Ensure accounting controls by suggesting procedures and policies

· Guide accounting clerical staff by answering relevant questions and coordinating activities

· Secure sensitive financial information by completing database backups

· Prepare payments by requesting disbursements and verifying documentation

· Answer accounting related questions by interpreting as well as researching accounting regulations and policy

· Study new and existing legislation and comply all legal requirements

·     Ensure that legal financial requirements are adhered to and advice management on relevant actions

·     Maintain customer confidence.

다음과 같은 업무를 맡게 되고, 그리고 이어서 job duties 나 job에 대한 구체적 skills 혹은 requirements가 제시된다.

·     Possess advanced skills in the use of Excel package

·     Strong ability in managing and processing large quantity of data

·     High proficiency in data organization, filtering, as well as combining functions

·     Proactive and customer focused

·     Strong ability to organize work schedules and to warm up to people from diverse culture

·     Efficient in communicating both orally and in writing with all levels of staff

·     Self-motivated with strong ability to prioritize tasks and perform multiple duties simultaneously

·     Graduate of a four-year college or university with a Bachelor's degree in accounting, finance, or in other related field

·     Two years or more experience working as accountant

· Proficiency in the use of accounting software, including Microsoft Dynamic GP

· Ability to analyze accounting options and perform mathematical computation.

일단 아래의 requirements의 충족을 만족하는가를 먼저 자신의 스펙과 대비해서 자신이 자격조건을 미리 확인 후에 job description을 가지고 자신의 스토리를 맞추어 가야 한다. 그래서 job description은 시험의 족보가 될 수도 있는 것이다. 물론 인터넷을 치면 많은 기존의 예제들을 찾아볼 수도 있고, 때때로 시험을 통과한 사람들의 수기를 볼 수 있을 것이다. 그러나 남이 그런 조건을 만족하였다고 하여도, 자신의 기준이 될 수 없고, 특히 경력직의 경우는 자신의 경험이 무조건 남의 조건과 유사하거나 같다는 전제가 극히 드물기에 자신만의 특별한 스토리텔링은 나의 경험 experience을 if I were you, 내가 면접관이라면? 의 가정에 가장 부합할 수 있는 맵인 job description에 잘 결합해서 그들의 원하는 방식의 단어와 그들이 원하는 방식의 구체적인 예제로 공략하는 것이 필수다.

그렇다면 면접관이 원하는 것은 물인가, 빵인가? 내가 들고 있는 것은 물이어야 하나? 빵이어야 하나? 그 분석을 하는 것이 면접에서 합격률을 올릴 수 있는 가장 중요한 포인트이다.

# 제발 actually
# 그만 쓸까요?

효과적인 linking words는 무한하다.

영어 면접을 준비하거나, 심지어 아이엘츠나 토익 스피킹 같은 랭귀지 테스트를 준비하다 보면 의외로 많은 사람들이 actually를 아무 곳에서나 쓰고 있다. 물론 영국에서도 actually, basically는 기본적으로 많이 쓰는 부사구이긴 하다. 그러나 반복적으로 쓰지는 않는다. 말이 막힐 때마다 actually를 난무하게 되면, 영어 면접뿐만 아니라, 프레젠테이션, 혹은 협상같이 영어로 자신을 어필해야 하는 자리에서 크게 자신의 논지의 정확성을 강조할 수 없게 된다.

한국어로 이를테면, '그런데요.'를 난무하게 된다고 생각해 보자. 실질적으로 필요한 부사구는 아니다. 그런데요를 말의 운을 뗄 때 자주 사용하다 보면 무의식적으로 말을 시작할 때마다 '그런데요.'로 시작하게 된다. 마찬가지로 영어의 운을 뗄 때마다 actually를 사용하게 되면, 습관적으로 반복하게 되면서 자신의 논리적인 말의 논지구성이나 세련된 화법의 퀄리티를 떨어뜨릴 수가 있으므로 조심해야 한다.

그렇다면, actually를 대신할 수 있는 말이 없을까? 의외로 문장의 구성에 따라서 너무나 많은 linking word, 즉 접속사가 있다. In fact, indeed도 같은 한국어로 번역되는 표현이 되기도 하지만, 자신의 의견, 자신의 생각을 표현할 수 있는 I think 그리고 그것의 동의어로 쓰일 수 있는 무궁무진한 단어들/구들이 있다. As I see it, from my point of view, I am convinced that, as far as I am concerned 등이 actually를 대신해서 쓸 수 있는 자리에 넣을 수도 있고, 때에 따라서는 Truth be told 혹은 아예 문장에 따라서 들어가는 것은 in that regard, which means 같은 연결어로 문장을 구체화해서 넘겨할 때는 actually라고 쓰면서 여유를 주는 공간을 대신해서 쓸 수 있을 것이다.

아래는 구체적으로 문장을 강조해야 할 때 actually를 대신해서 쓸 수 있는 부사구/단어들을 정리해 보았다.

in other words

notably

 in fact

to put it differently

in general

in particular

as an illustration

to be sure

in detail

in this case

namely

certainly

for this reason

to put it another way

truly

that is to say

indeed

to clarify

surely

모든 문장을 위와 같이 똑같은 접속사나 부사구를 쓸 수는 없지만, 내용에 따라서 actually를 대신할 수 있는 단어들의 집합니다. 문장의 연결과 논지의 구성에 따라서 위의 단어를 골라서 쓴다면, actually를 반복해서 말을 떼는 것보다 훨씬 더 유려하고 세련된 화법을 구사할 수 있을 것이다.

말은 정해진 것을 외우기보다는, 반복된 패턴을 쓰는 것보다는 그때 그때마다 적절한 단어나 문장을 교체해 가는 것이 훨씬 더 논리적이고 설득력 있는 말투를 만드는데 도움이 될 것이다. 특히 actually를 습관적으로 남발하는 경우는 면접을 볼 때 면접관에게, 스피킹 테스트를 볼 때 채점관에게 크게 유려한 스피킹이라는 인상을 주기 힘들다. 따라서 위의 단어를 적절한 구조와 논리에 따라서 교체해 보면서 쓰다 보면 어휘가 확장되고, 그 확장된 어휘를 사용해서 더 효과적인 스피치가 가능해진다. 물론 이를 위해서는 단어와 단어로 이해해서 외우기보다는 문장의 흐름을 이해하고 적절한 흐름을 이해한 후 사용해야 하므로, 말을 직접 만들어서 연습해야 하는 것이 필수다.

# Common ground의 중요성

결국 면접도 심리전

Decision scientist (결정 심리에 관여한 과학자들)의 의견에 의하면 인간의 결정은 대부분 논리적인 사실이 아닌 추상적인 감정에 기반한 경우가 대부분이라고 한다. 우리가 콜게이트 치약을 쓰든가 펩소던트 치약을 쓰던가, 벤더 a과 계약을 하던, 벤더 b와 계약을 하던지 간에, 혹은 아주 유사한 조건을 가진 면접지원자 a와 b를 놓고서도 감정에 기반한 선택을 하는 것이 대부분의 경우에 인지하지 못할지언정 일어 날 수 있다고 한다. 감정 기반의 선택은 스스로가 논리적이라고 착각 하고, 감정이 이끌리는 대로 그 감정의 선택을 서포트 해줄 수 있는 논리의 근거를 거꾸로 찾아간다는 것을 말한다. 이를테면 a보다 b가 감정적으로 마음에 들었다고 치자, 그렇다면 이 b를 선택할 수밖에 없는 이유를 논리적으로 찾는다는 것이다. 먼저 감정에 기댄 선택을 해두고 나서, 후에 논리에 근거한 이유를 갖다 붙인다는 것인데, 이것은 인간의 심리의 보이지 않는 이면이고, 이 이면을 면접에서도 잘 사용한다면, 어려운 길을 조금 더 쉽게 찾을 수 있지 않을까 한다. 그래서 감정기반 선택을 할 수밖에 없는 인간의 특성을 잘 사용해서 좀 더 쉽게 나에게 호감을 갖도록, 혹은 내가 하는 말에 동의와 동조를 구할 수 있도록 하는 것이 면접에서도 중요하다는 말이다.

그렇다면 이렇게 감정 기반한 선택을 이끌 수 있는 동조는 어떻게 어필해야 할까? 많은 방법이 있겠지만, 그중 하나로 보자면 처음부터 나의 의견에 동조를 구하고, 그 처음의 내 의견에 동조한 것을 지속적으로 유지하도록 하면 된다. 물론 의견에 동조하기란 쉽지가 않다. 그래서 처음에 쓸 수 있는 모델이 바로 common ground (공통되는 기반, 공통점)으로 출발하라는 것이다.

이를테면 구글의 유명한 storytelling presentation 강의에서도 다루고 있는 이야기인데, 처음 눈먼 장님이 구걸을 하는데 아무도 와봐보지 않는다. 그때 그의 옆에 쓰여있는 글자는 I am blind, please help me (저는 장님입니다. 도와주세요)였는데, 지나가던 여자가 그 글귀를 바꾸자마자 빈 깡통에 동전이 수북이 쌓일 만큼 후원을 얻는다. 그때 그녀가 고쳐진 문구는 바로 it's a beautiful day, but I cannot see it (아름다운 날입니다. 그러나 저는 볼 수가 없습니다)였다. 여기서 전제하는 전략은 무었을까? 바로 common ground이다. 너도 알고 나도 나는 누구나 동감하는 사실 즉, 현실과 상황을 미리 묘사했다. It's a beautiful day 이 말하는 것은 듣고 있는 청자에게 동감을 구한다. 이미 동감을 구했을 때야 말로 감정적인 선호도, 즉 감정기반의 선택을 할 수 있도록 돕는다. 그래서 결국 많은 동전을 받을 수 있었다.

그렇다면 여기서 쓰인 전략에 기반해 본다면, common ground 즉, 공통의 정서나 의견을 미리 가지고 가는 방법을 썼을 때야말로 가장 쉽게 자신을 어필할 수 있는 시작을 할 수 있다.

질문이 what was the most challenging about your job?라는 질문을 받았을 때 the most difficult thing was when I face the situation where I need to deal with x, y, and z (제가 가장 힘들었던 것은 x, y, z를 다뤄야 하는 상황에 직면했을 때였습니다. )라는 답변을 바로 하는 것보다 훨씬 효율적으로 감정 기반한 선택을 할 수 있는 문구로

시작할 수 있어야 한다. 물론 이는 반드시 그래야만 한다는 법칙에 준하는 것이 아니라, 그렇게 하면 더욱더 효과적일 수 있다는 제안에 가깝다.

그래서 질문에 대한 답은 As you know the most challenging in this field could be dealing with. x, y, and z. so my obstacles were similar. (당신도 알다시피 x, y, z를 다루는 것이 이 필드레서 가장 힘든 일입니다. 제 경우도 마찬가지입니다) 이렇게 쓰면서 동조를 이끌어낼 수 있어야 한다. 얼핏 보면 위에서 쓰인 예시와 아래의 예시는 아주 비슷해 보인다.

1.   The most difficult thing was when I face the situation where I need to deal with x, y, and z (제가 가장 힘들었던 것은 x, y, z를 다뤄야 하는 상황에 직면했을 때였습니다. )

2.    As you know, the most challenging in this field could be dealing with. x, y, and z. so, my case was similar. ( 아시다시피, x, y, z를 다루는 것이 이 필드에서 가장 힘든 일입니다. 제 경우도 마찬가지입니다)

그러나 1의 경우는 면접관의 동의를 구하지 못했다. 그러니까 자신의 의견을 바로 쓴 것이 되고, 2번의 경우는 일단 듣는 청자의 경우에 있어서 이미 수긍하는 이유를 들어서 제시했으므로 자신의 경우를 이야기하여도 듣는 사람이 고개를 끄덕이게 하는 동조와 동감의 정서를 쓰고 있다. 심리학적으로 듣는 사람의 감정에 기반한 동조를 구하기 쉬운 작법이 될 수 있다. 이를 조금 더 세부적으로 써본다면, (어카운팅 잡의 경우) 아래와 같다.

As you know, the most challenging in this accounting field could be dealing with. accuracy, deadline, and communication. So, my case was similar. I need to submit the report based on an accurate date, otherwise, all data input on the system can cause errors and if this error is accumulated later, the consequence is serious, because all data we need to deal with should be accurately right. That could be the first challenge.

아시다시피 어카운팅 필드에서 가장 어려운 것은 정확성, 납기 그리고 커뮤니케이션입니다. 제 경우도 마찬가지입니다. 저는 정확한 데이터 기반해서 리포트를 제출하지 않았을 경우, 시스템에 들어가는 모든 데이터가 에러를 일으킬 수 있으며, 또한 이 에러가 누적될 경우는 후에 벌어지는 일이 심각해집니다. 그래서 제가 딜을 해야 하는 모든 데이터는 아주 정확하게 맞아야 합니다. 그것이 첫 번째 어려운 일이었습니다.

이렇게 당신도 알고 있는 정보에 기반할수록 내가 할 수 있는 말의 동조를 구하기 쉽고, 감정적인 선택을 구할 수 있다. 그래서 인간의 심리를 잘 알 수록 말을 화법을 조금만 고쳐도 큰 효과를 낸다는 것을 쉽게 파악할 수 있다. 고로, 무작정 영어를 말한다기보다는 전략적으로 어떻게 접근해야 하는가를 확실히 계획을 세운 후에 답을 말해보는 연습을 하는 것 역시도 중요하다.

# 스토리텔링 기법으로
# 강조해 보기

당신을 기억하게 하는 기술

"The most powerful person in the world is the storyteller."

세상에서 가장 파워풀한 사람은 바로 스토리렐러다. 이 유명한 말은
1994년 스티브잡스가 남긴 말이다. 스토리텔링이 비즈니스나 사회
생활에서 얼마나 중요한 것인가를 말해주는 단언이다. 인간은 수렵 채
집인이었던 시절부터 사냥을 마치고 와서 불을 지피고 앉아서 이야기
를 만들어냈다. 그것이 신화이며, 종교와 믿음, 문화의 기반이 되어 내
러 온다. 이렇듯 무언가의 이야기를 만든다는 것은 호모 사피엔스의
본성이며, 그 본성과 욕구를 인정하게 되면 여전히 인간은 드라마나
영화, 혹은 소설과 문학작품, 심지어 이야기를 나누는 수다나 좌담, 혹
은 강의로서 서로의 이야기를 듣고 싶어 한다. 그리고 이야기를 만들
기도 한다. 그렇다면 이렇게 인간 내면의 본능적 특질인 '스토리텔링'
기법을 잘만 이해한다면 모두가 자신의 이야기를 경청할 수 있도록 만
들 수 있을 것이다. 물론 면접도 그의 하나가 될 수 있다.

게다가 비즈니스 영역에서도 예외일 수는 없다. 앞서 챕터에서 구글
의 유명한 storytelling presentation 강의의 예시를 다루었다. 눈먼
장님이 구걸을 하는데 아무도 와봐보지 않자, 지나가던 여자가 그 글
귀를 수정한다. I am blind, please help me (저는 장님입니다. 도와주
세요)에서 it's a beautiful day, but I cannot see it (아름다운 날입니
다. 그러나 저는 볼 수가 없습니다)로 고치자 엄청난 사람들이 동전을
던져준다. 앞서 말한 전략은 감정기반에 의한 호소, 즉 모든 인간은 자
신은 논리적이며 객관적이라 믿지만, 실제는 감정적으로 동요되기 쉬

운 심리적 특징을 가진다는 것을 설명했다.

그렇다면 여기서 스토리텔링의 아주 중요한 기법인 서론 본론 그리고 위기 결말이 위기 부분을 전략적으로 스토리텔링할 수 있어야 한다. 잘 알려진 비즈니스 성공사례의 유튜버인 EO의 경우를 보자면, 주로 성공한 창업가의 실패담과 그 실패를 통한 사례가 인터뷰 형식으로 소개된 비디오들이 많다. 게다가 창업가들의 대부분은 말도 안 되게 어렵고 힘든 난관을 어떻게든지 헤쳐나가서 일으켜 세우면서 다음 단계의 비즈니스를 향해 나가고 성취하는 일련의 자신의 이야기가 소개되고 있다. 여기서 재미있는 것은 인터뷰의 대부분은 이렇게 자신의 성공담을 '아주 반대의 어렵고 힘들고 실패한 사례'를 먼저 언급하고 난 후, 그 후의 일들을 나열해서 자신의 성공을 더 가치 있게 말하는 기법을 사용하고 있다. 바로 스토리텔링의 위기와 절정. 그리고 결말의 이야기를 잘 써내고 있다는 것이다.

물론 얼마나 그 이야기를 드라마틱하고 재미있게 이야기를 할 수 있으며 독자들의 클릭을 일으켜낼 수 있는가는 여기서 중요한 가치이다. 바로 말은 들어주는 사람의 경청이 있어야만 의미 있는 활동이 되며, 그 청자의 집중과 동감을 느끼게 하는 요소가 바로 스토리텔링 기법이 될 수 있다. 이는 세계적인 에듀케이션 채널인 칸아카데미(khan academy)에서도 소개되고 있는데 비단 소설뿐 아니라 자신의 이야기를 어떻게 위기와 결말을 잘 섞어서 이야기를 재미있게 독자의 동감을 일으키면서 해낼 수 있다는 프레젠테이션, 강의, 혹은 면접에서도 중요한 스킬이다. 자신이 말하는 동안 청자가 점심의 메뉴를 생각하거나, 인스타그램 피드백을 몰래 스크롤링하거나, 혹은 듣고는 있되 인상에 남는 것이 없어서 전혀 기억에 남지 않은 발표를 할 수도 있을 것이다. 이를 대비하기 위해서는 스토리텔링 기법을 써서 어떻게든지 독자가 자신의 이야기에 귀를 기울이고, 좋은 인상과 호감을 심어줄 수 있는 자신만의 독자적인 이야기 체계를 만들어야 한다. 앞서도 말했지만, EO가 제공하는 CEO들의 인터뷰 사례가 그 좋은 이야기가 되겠다. 고통의 시간이 없었으면 자신이 해낼 수 있는 일이 없다는 것을 선언적으로 쓰면서 자신의 가치와 철학관까지 같이 드러낼 수 있는 것은 덤일 것이다.

그렇다면 어떻게 면접에 이 스킬을 쓸 수 있을까? 자신의 장점이 무엇입니까? What is your strength?라는 질문을 들었을 때, 자신이 잘하는 내용을 말하는 것보다 더 훌륭한 기법을 쓰면서 이야기할 수 있는데 바로 스토리텔링 기법을 쓰는 것이다. 전략적으로 이 기법은 쓰면 당신이 얼마나 큰 장점을 가지고 있는가를 더 어필할 수 있다. My strength is working hard in any situation, I always try to do my best and work hard on my tasks even if it is difficult. (저의 장점은 어떠한 경우에서라도 일을 열심히 한다는 것입니다. 저는 일이 얼마나 어렵던지 간에, 항상 제 맡은 임무에 최선을 다하려고 노력합니다.) 이런 식의 답변은 어떠한 노력을 하는지가 분명하지 않을뿐더러, 그 노력을 정작 하고 있을지라도 면접관의 인상적인 호응을 얻기가 힘들게 된다. 그렇다면 이렇게 쓰는 단문을 어떻게 교정해서 고칠 수 있을까? 스토리텔링에 기반한 아래의 전략을 추가적으로 더 써보기로 하자.

1.    분명히 구체적으로 더 쓸 수 있는 포인트를 찾고,

2.    좀 더 극적으로 대비될 수 있는 내용, 즉 위기 부분을 강조해 보면서,

3.    인상적인 부분을 자신의 이야기로만 써본다.


즉, 위의 이야기는 누구나 대답할 수 있는 대답이다. 자신의 유니크한 관점의 경험과 이야기가 없다. 그래서 그 이야기를 길게 쓸 수 있도록 구체적인 포인트들을 정리하고, 그리고 위기의 부분 즉, 그 어려움을 대비시켜 볼 만한 예시나 작은 사례를 들어서, 자신만의 유니크한 이야기를 만들어내는 것이 중요하다. 그래서 앞서 말한 이야기를 좀 더 스토리텔링에 기반한 이야기로 만들어서 A의 경우를 B로 고쳐서 말해보자.


A:

My strength is working hard in any situation, I always try to do my best and work hard on my tasks even if it is difficult. (저의 장점은 어떠한 경우에서라도 일을 열심히 한다는 것입니다. 저는 일이 얼마나 어렵던지 간에, 항상 제 맡은 임무에 최선을 다하려고 노력합니다. )

B:

I experienced some obstacles which most people think are difficult to deal with. Working for the procurement department, I needed to negotiate with the buyers who suggested the implausible price, especially in our company's regulation, in which budget is not only tight but also limited. For one of the companies that I need to contract with, they suggested 100M won for x project, but our budget is only 80M won. I think no one believed making a deal with that company was possible. But finally, when I succeeded in dealing with it, every staff member from my company was surprised, and I think it is still difficult to do so. I just try to my best on any task which I need to do and try to find the best solution. That is my most powerful strength.

저는 사람들이 생각할 때 처리하기 어렵다고 생각되는 난관을 많이 경험했습니다. 저는 구매부서에서 일하면서, 터무니없는 가격을 제시하는 바이어들과 협상을 했어야 했는데, 반면에 우리 회사의 예산은 작거나 한계가 있었습니다. 그중에 한 회사는 x 프로젝트에 100M원을 제공해 달라고 제안했으나 우리 예산은 80M원뿐이었습니다. 아무도 이 딜이 가능하다고 생각하지 못했지만, 저는 결국에 이 딜을 해냈고, 많은 회사분들께서 놀라셨습니다. 저는 이 딜이 아직도 어려운 딜이었다고 생각됩니다. 저는 제가 어떤 주어진 임무가 있다면 그 일에 최선을 다하고, 최선의 솔루션을 찾으려고 노력합니다. 그것이 저의 가장 큰 장점이 아닌가 싶습니다.

아래와 같이 구체적으로 자신만의 내용의 이야기를, 위기 (즉 딜이 안 될 뻔했다는 내용을 추가시키면서)를 강조하면서 스토리텔링에 집중시킬 수 있는 힘을 인터뷰 스킬을 통해서 찾아내야 한다. 그렇다면 면접관의 기억 속에 아까 그 딜을 했던 사람으로 오래 인상에 남길 수 있으며 또한 이렇게 자신의 말에 청자의 집중을 이끌어낼 수 있어야 인터뷰뿐 아니라 모든 발표에 있어서 자신의 이야기과 의견을 잘 피력할 수 있다. 스티브 잡스가 말한 대로 가장 파워풀한 사람은 스토리텔링을 아주 전략적으로 할 수 있는 사람인 것이다.

# 대기업 신입사원 문제 예시

국내 대기업/글로벌 기업 예시

공통적으로 들어가는 내용 중에 가장 중요한 것은 Could you introduce yourself? 의 첫 시작을 얼마나 인상 깊게 남기는가 하는 문제이다. 물론 각 부서마다 요구하는 역량이나 영어의 수준이 다르므로 대기업이라고 하여도 생산과 관련된 부서의 영어 질문과 글로벌 마케팅 업무의 영어 인터뷰 레벨은 다를 수밖에 없다. 그렇지만, 자신의 소개의 첫 시작을 잘 끼워본다면 첫인상을 강력하게 심어줄 수 있다. 물론 요즘 흔히들 쓰는 앱이나 챗 지피티를 쓰는 것도 좋지만, 언어라는 것은 일단은 커뮤니케이션을 요하기에, 자신이 어느 정도 일방적으로 떠들 수 있는 내용이 아니라, 이해와 이해의 관점을 통해서 더 깊은 질문을 하는 심층 면접의 경우는, 외운 것만으로 대응하기는 부족하다. 특히 글로벌 컴퍼니 면접에 있어서 원어민이 면접관일 경우는 특히 쌍방향 커뮤니케이션이 무엇보다 중요하다. 그래서 무조건 외워가는 스크립트의 경우는 초반의 5분을 제외하고는 턱없이 부족할 뿐만 아니라, 어떤 돌발 질문이 주어질지 모르는 상황에서 준비된 스크립트만 믿고 영어 면접을 준비하지 않는다면 당황스러운 상황에 직면할 수도 있다. 그러기에 영어 면접을 준비하는 사람의 경우는 실력을 통해서 어느 정도 기본을 닦은 후에, 그 실력에 기반한 직무와 부서에 지원하는 것이 중요하다.


그렇다면, 대기업 글로벌 기업의 기본은 어떤 것이 있을까? 이 책의 전 챕터에서 공통적으로 다루었던 질문과 크게 다르지 않다. 그럼에도 기본적으로 디테일을 설명할 수 있어야 하며, 강력한 첫인상을 줄 수 있고, 동시에 영어 말하기와 커뮤니케이션에 전혀 문제가 없다는 것을 어필할 수 있는 예제 세 가지만 초안을 만들어보도록 하자. 일단 경력직의 경우는 이런 스트립트를 공통적으로 쓸 수가 없다. 직무가 요구하는 조건이 회사마다 다르고, 또한 개인이 그 직무를 위해서 이뤄온 경력도 다 각기 다를 수밖에 없어서이다. 아래, 세 가지의 예를 보면서 실제로 자신이 이런 톤의 문장을 유지하면서 적절하게 자연스러운 인토네이션과 정확한 발음으로 스피치를 할 수 있는 것일까 한 번 생각해 보기를 권한다. 아무리 훌륭한 스크립트를 써본들 단어하나하나의 강세가 다르고, 전체적인 인토네이션이 정확하지 않으면 면접관의 귀에 정확하게 이해되는 영어를 쓰기 힘들다. 따라서, 전체적인 톤과 발성 역시도 영어 스크립트만큼 중요하다고 말할 수 있다.

1.  이공계를 졸업한 K 씨가 영어로 마케팅을 해야 하는 글로벌 기업에 지원하는 경우

I am Kay Han, currently working as a manager for S company. I've been working for S company since 2018 when I graduated from university. Even though I majored in Engineering at University, I was very much interested in marketing, or rather global marketing, so I decided to start my career at S company. The main reason I am competent to manage this current work is not because of my major but because of English speaking. Looking back on my youth, I have been exposed to English quite often due to my exchange program at university and through my personal interest in other cultures and languages. Fortunately, I got a chance to start my career in a global marketing team as my first career and I've been involving many projects which required communication in English and organized and joined the global meetings aboard.

이렇게 자신의 단점을 (전공과 지원하고자 하는 파트가 다른 경우)는 부과적으로 자신의 장점을 어떻게 어필하고, 어떻게 말을 하는지가 자신이 전공과 관련 있는 부서에 지원하는 면접자보다 훨씬 중요하다. 그렇다면 전공과 무관한 자신의 부수적인 장점이 지원하는 파트에서 가장 크게 요구하는 자질이 될 수 있도록 답변을 잡아가는 방식도 중요하다. 그래서 면접관이 납득이 될 만큼, 자신의 핸디캡을 보완할 수 있는 재치 있는 답변, 혹은 커버할 수 있는 장점을 부각하는 것이 인터뷰의 기술이 될 수 있다. 따라서 위의 답변의 경우가 바로 해외 마케팅의 가장 중요한 자질인 영어 실력을 강조하면서 자신의 전공과 무관한 커리어의 단점을 오히려 장점으로 이끌어낸 사례이다.

2.  문과를 졸업한 P 씨가 해외 고객 지원을 해야 하는 글로벌 기업에 지원하는 경우

I am Sohee Kim. I just graduated from H university this year and want to work for your company. This time is the first interview for me, I would like to say thank you for having me today. And I want to emphasize how much I am interested in this position and how I have prepared for this work. First, since I graduated from university, I 've been working for S company as an intern and I've learned a lot of things regarding customer service. The most important thing is, I think, communication. While I studied law at university, I think negotiation was one of the important skills in applying the law, and having a balanced view on it has helped me during my study. I think for customer service, this balanced view and putting myself in someone else's shoes is crucial. So, I think I am well prepared from my study for your position.

고객 서비스와 관련이 무관한 법을 전공하였을지라도, 고객응대에서 가장 중요한 것은 커뮤니케이션이며, 문제점을 발렌스를 갖춘 시각을 통해 타협과 절충을 이끌어낼 수 있다는 것을 이라는 것을 강조함으로써 법을 전공한 자신의 역량을 더욱 매력적으로 어필하였고, 추가적으로 인턴쉽을 활용해서 자신의 장점을 강조시킨 사례가 될 수 있다.

3.  복수전공을 마케팅과 경영을 동시 전공한 S 씨가 국내 대기업의 해외영업팀에 지원하는 경우

My name is Min Choi. It's an honor to see you and grab this chance to join an interview with you. The main reason why I am applying for this position is clear. Since I joined the university, my main aim for future career is very specific, so I double majored in Marketing and Business Administration. This position is ideal for me to contribute to your company as well as improving my skills. In terms of my double majored degrees, I have unique strengths due to my study and background. The first one is the view of analysis of global market, and second is skills and training experience of business administration. Because Overseas Business Division requires a lot of tasks which are related to global markets, I believe there is huge benefit for someone who studied the relevant fields. But besides my majors, I have had a great chance to experience the field while I joined the internship program at university.

이 경우는 자신의 전공이 오히려 지원사례에서 크게 유리할 수 있으며, 더더구나 복수 전공을 통해서 나오는 이득을 어필할 수 있어야 한다. 그냥 복수전공을 했다,라고만 언급하기보다는 복수 전공을 통해서 나오는 이익, 자신의 메릿을 더욱 강하게 언급함으로써 자신이 직무에 적합함을 강조할 수 있도록 말을 풀어내는 것이 중요하다. 이 경우는 전공 자체가 무난하고, 복수 전공이 대단한 일이 아니라는 뉘앙스를 풍기면서 자신을 어필하지 못할 경우와 그 반대의 경우에 있어서 면접자가 가지게 되는 이득과 장점이 큰 만큼 어떻게 말을 풀어내느냐가 가장 중요한 관건이 될 수 있을 것이다.

아, 다르고 어, 다르다는 말이 있다. 영어로는 It's not what you say, it's how you say it.이다. 이 말인즉, 어떻게든 말을 적절히 효율적으로 쓰는 것은 한국어에서도 마찬가지지만 영어에서도 다르지 않다는 말이다. 같은 말이라도 무엇을 말하는지가 중요한 것이 아니라 어떻게 이야기를 풀어갈지, 어떤 이야기를 면접자 스스로에게 유리하게 쓸 수 있는 것은 무수한 경험과 준비에서 온다고 생각한다. 물론 이 지점에서의 실패의 경험 역시도 커다란 경험치가 될 수 있는 것은 분명하다. '한 방에 붙었다' 같은 합격과 불합격으로 나뉘는 결론 중심에서 많은 경험을 통해서 어떤 질문이 유도되고, 그 질문을 통해서 묻고 싶어 하는 면접관의 의도, 그리고 그 의도에 부합하는 면접자의 이상적인 답변은 어쩌면 질문과 답변을 통해 배우고 또 배워지는 자기 검증의 시간이라고 해도 무방하다. 따라서 면접 자체를 굳이 구직을 이루기 위한 마지막 검증 단계라고 보기보다는, 스스로 걸어왔던 커리어나 교육 수준에 대한 경쟁력, 그리고 앞으로 나갈 목표에 대한 중간 점검으로 보고 그 이야기를 하나의 비즈니스 플랜을 보고하는 프리제네이션처럼 잘 풀어나갈 수 있는 힘과 역량 모두가 중요하다고 본다.

# 해외 명문 대학원/MBA 입시 면접

아무리 명문 대학원의 입시가 어렵다고 할지라도, 루틴을 따라가면 대학원의 명성에 비해 과정이 훨씬 쉽다는 것을 알 수 있다. 기본적으로 필요한 것을 챙긴 후 절차에 따라 한 계단씩 올라가면 오히려 구직이나 이직의 면접보다 훨씬 쉬운 것이 대학원이나 MBA 입시다. 이유는, 간단하다. 전자는 돈을 내면서 다녀야 하는 곳이고, 후자는 돈을 받으면서 다녀야 하는 곳이다. 게다가 아무리 경쟁이 치열한 명문대학원이라고 할지라도, 학교의 입장에서 본다면 학생들이야 말로 고객의 입장이 된다. 그럼에도 불구하고, 서로의 니즈가 정확하게 맞아떨어지지 않는다면 불합격은 수순이다. 그렇다면 어떤 식으로 대학원 면접을 준비해야 할까?

이미 앞에서 언급한 대로 학교가 가르치는 방향과 커리큘럼이 정확하게 자신에게 필요한가, 혹은 이 과정을 마칠만한 '니즈'가 당신에게 있는가, 로부터 질문은 출발한다. 결국 자신을 아는 것과 더불어 필요한 것이 상대가 나에게 어떤 것을 요구하고 필요로 하는가도 필수다. 특히 전공 교수의 프로젝트와 자신의 역량이 부합되는 경우 (주로 박사일 경우)는 교수의 필요성에 따라서도 불합격의 당락이 좌지우지되는 경우도 허다하다. 다만 석사일 경우는 자신의 전공과 부합하는 경우, 혹은 자신이 해왔던 커리어가 당락의 변수가 되기도 한다. 그렇다면 명문학교에서 가장 중요하게 생각하는 가치를 찾아서 면접의 답변을 만들어보면 된다.

1.    이 과정을 과연 공부를 할 수 있을까 (역량)과 학교와 자신에게 도움이 될 것인가 (니즈)


입사 면접에서도 역량과 니즈는 분명해야 하지만, 학교 입시 면접에서 더 중요한 것은 그 니즈가 학교뿐만 아니라 자신의 구체적인 계획에 부합하는 것도 중요하다. 한 학기를 듣다가 '아 이 과정은 내가 필요한 과정이 아니고, 내게 어떤 도움을 줄 수도 없구나'라고 생각하고 중도 포기를 할 경우는 학교 입장에서도 경제적으로나 인적으로나 손해가 클 수밖에 없다. 바로 입사면접과 입시면접의 차이는 돈을 받고 다니느냐, 돈을 주고 다니느냐의 입장의 차이며, 두 면접의 성격이 분명하게 결정되는 부분이기도 하다. 그래서 학교를 등록하고 싶어 하는 이유가 분명하고, 그 분명한 이유가 학교 측에서 제공할 수 있는 커리큘럼의 범주와 맞아떨어지고, 또한 인적 재원을 양방향으로 쓸 수 있는 요소가 충분하다고 여겨질 경우에 합격을 받기가 쉬운 것은 당연하다. 이 말은 학교 역시 면접자의 합격을 통해서 가져갈 수 있는 인적 네트워크를 포함한 말이다.


따라서 입시면접의 경우에 가장 중요한 것은, 학교가 요구하는 역량에 맞는 자신의 역량을 강조하면서, 커리큘럼을 통해서 발전하려는 비전과 목표를 정확하게 언급하는 것이 중요하다. 이는 이미 면접 전에 진행한 자기소개서나 SOP( Statement of Purpose (SOP)에서 충분히 언급되었어야 하고, 면접에서는 이를 강조하거나 조금 더 개인적인 예시, 동기부여 사례 등을 언급하면 좋다. 또한 면접자가 해왔던 공부나 커리어가 이 과정의 공부를 해낼 수 있는 충분한 역량이 있는가도 부수적으로 체크할 수 있는 시간이기도 하므로, 본인이 이 공부를 왜 하고 싶어 하는지, 어떤 결과물을 만들어낼 수 있고, 목표로 하는지가 정확해야 다음 단계의 면접의 언어적 표현을 쉽게 해낼 수 있기 때문에 면접을 준비하는 시간이 단지 '면접에 붙기 위한 트레이닝' 시간으로 쓰기보다는 이 학교의 커리큘럼과 인적 재원이 나를 충분히 서포트해 줄 수 있는가, 의 검증 시간으로 쓰면 더욱 유리할 것이다.

또한 면접의 과정을 통해서 외국인의 경우는, 충분히 공부할 수 있는 언어적인 요소 (기본적인 언어 능력)를 체크할 수 있는 시간이기도 하기 때문에 영어 면접은 기본적인 영어 학습 외에도 위에서 언급한 사항들을 강조할 수 있어야 한다.

## 2. 커뮤니케이션의 역량은 충분한가

흔히들 영어를 잘하는 것이 커뮤니케이션을 잘하는 것이라고 오해할 수 있지만, 영어 혹은 지원하는 나라의 언어를 구사하는 것은 아주 기본적인 수준의 커뮤니케이션을 의미하고, 그 이후의 커뮤니케이션, 즉 의사전달의 정확성과 상대방의 이해도를 기본으로 면접은 커뮤니케이션의 기본을 체크하는 시간이 될 수 있다. 물론 영어 테스트를 통해서 일차 관문을 합격한 사람만이 인터뷰에 초대되는 것은 과정상, 언어를 제대로 구사할 수 없는 사람이 인터뷰를 볼 수 없다는 것은 당연한 사실이지만, 그럼에도 면접에서의 당락 관련해서 커뮤니케이션의 능력이 부족하여 떨어지는 일은 없어야 한다. 그렇다면 이 준비를 위해서 어떤 과정을 중요하게 인지해야 할까? 바로 상대방의 질문의 의도를 파악하는 일이다. 영어 듣기를 완벽하게 하는 기술도 중요하지만, 그 질문을 통해서 상대받이 얻고자 하는 정보가 무엇인지를 파악하는 것이 가장 핵심이다.

Why did you apply for our university?라고 면접관이 질문한다면, 그 질문의 의도는 세분화될 수 있다. University를 통해서 내가 목표로 하는 것을 가지는 것이 첫 번째, 그리고 university가 제공할 수 있는 것이 무엇인가이다. 예를 들어 공학을 석사로 지원하는 경우, 그래서 자신의 커리어와 역량을 넓혀보고 싶다는 말을 할 경우에 있어서 무조건 because I would like to improve my skills and knowledge throughout your course라고 하기보다는 I would like to improve my skills and knowledge which are related to XX field so that after finishing this course, I try to be a professional engineer who can work in relative fields, and I also deepen my knowledge of engineering throughout your university's curriculum.로 상세화 시켜서 상대방의 질문의도에 부합하도록 답변의 내용을 확장시키는 것이 훨씬 더 커뮤니케이션, 즉 적합한 대답이 될 수 있다.

3.　어떤 준비가 필요한가.


대부분의 경우는 국내에 있을 경우는, 직접 대면 면접을 보기보다는 -물론 직접 찾아가도 무방하나- 해외 명문의 경우는 주로 줌미팅 (Zoom)을 통해서 이뤄진다. 이때 중요한 점은 물론 마이크와 컴퓨터 세팅이 사전에 잘 되어 있는 것도 기본적으로 중요하지만, 떨지 않고 차분하게 자신이 준비해 온 말을 정리해서 표현하는 것도 필수다. 상대방 (면접관/교수)가 보이는 상태로 면접을 할 수도 있지만, 그렇지 않고, 마이크만 켜둔 채로 미팅을 진행할 경우도 왕왕 있다. 이 경우는 상대의 입을 볼 수가 없기 때문에 정확한 리스닝 스킬을 기본적으로 요한다. 그럼에도 질문은 자기소개 및 지원하려는 이유가 기본적으로 포함되기 때문에 미리 답안 스크립트를 만들어놓고 당황하지 않은 채로 시작하는 것이 필요하다. 바로 감정적인 부분에 자신감이 흔들리지 않게 첫 시작을 하는 것이 중요하기 때문이다.


평소에 스스로의 스피킹 레벨이나 리스닝 레벨이 훌륭하다고 자만하고, 준비되지 않은 상황에서 질문을 오해하거나, 질문에 대한 대답을 자신이 원했던 것만큼 말하지 못한 상황에서 버벅거리면 다음 문제를 접할 때도, 방금 대답한 질문이 만족스럽지 못해서 생기는 감정적 불안이 다음 상황으로 연결되기 십상이다. 그래서 첫 시작이 아주 중요하며, 그 순탄한 시작을 기반으로 다음 문제의 답을 대답하면서 다음 문제에 대한 감정적인 자신감을 가지는 것도 중요하다. 아래는 뉴욕의 패션 인더스티의 필름 스쿨에 입학하게 되는 학생의 지원 이유이다. 이렇게 미리 준비를 해두고 다음 문제를 접할 경우는 쉽게 자신의 썰을 풀어낼 수 있다.

My major is in broadcast and film, I have learned about the media industry, and how different media communicate. When I was in my first year of university, I attended film production club 'K-dream,' which gave me the opportunity to learn about film production. Each semester, we made a short film with new themes. We not only collaborated to make short films for ourselves but also collaborated with companies making PR clips. Working as a club member, what really stood out as a key lesson was how film touches people's hearts, and what an extraordinarily powerful tool it is in influencing people, shaping their perception of the world. This makes me apply to your university. Currently I have a great interest in Music Video, so I would like to learn more about video content and how to make videos for both commercial and personal purposes.

종합하면, 상대방의 의도를 리스닝 테스트처럼 단지 영어로만 이해하는 차원을 넘어서 의도를 파악해서 자신의 이야기를 상대방의 의도에 맞게끔 말을 풀어내는 작업, 그리고 서로의 니즈가 정확히 일치하는가, 혹은 상대가 원하는 역량과 내가 갖춘 역량이 비슷하거나 일치하는가, 위주로 답변을 적어 내려 간 후, 그 준비 과정을 거쳐서 첫 파트나 예상된 파트를 미리 외워서 쓸 수 있을 정도로 준비한 후 면접에 임하는 것이 자신감의 측면에서도, 아니면 실제 면접의 퍼포먼스 측면에서도 유리할 수 있다. 결국 면접은 준비한 만큼 결과가 주어지는 인과관계가 충분히 분명한 작업임은 틀림없기 때문이다.